문재인 시대 재테크

문재인 시대
재테크

부동산부터
주식, 창업까지
돈이 모이는 곳만
콕 짚어주다!

2017 서울머니쇼 취재팀 지음

매일경제신문사

문재인 시대 재테크

2017년 5월 11일부터 사흘간 코엑스에서 아시아 최대 재테크 박람회 '2017 서울머니쇼'가 열렸다. 8회째를 맞았는데 사상최대 인파가 몰렸다. 재테크 강연장마다 1,000여 석의 자리가 모자라 양쪽 통로와 무대 바로 앞 바닥에 앉아서 재테크 강연을 들어야 할 정도로 북새통을 이뤘다. 금융기관들이 만든 120여 개 부스에도 재테크 상담을 받으려는 투자자들이 길게 줄을 늘어섰다. 새 정부 출범 후 재테크 시장 향방에 대한 갈증이 그만큼 컸기 때문이다.

새 정부 출범과 함께 재테크 시장을 둘러싼 대내외 환경이 급변하면서 투자자들이 혼란스러워하고 있다. 2008년 9월 리먼 브라더스 파산으로 촉발된 글로벌 금융위기 극복과정에서 탄생한 사상초유의 초저금리 시대가 9년여 만에 종언을 고하고 있다. 지난 2015년 미국연방준비제도이사회FRB는 글로벌 금융위기 이후 첫 금리인상에 나섰고, 이후에도 꾸준히 금리를 인상하고 있다. FRB가 이처럼 분기마다 금리를 올리면 2017년 하반기에는 미국과 한국의 기준 금리가 역전된다. 이 경우 해외 투자자들의 뭉칫돈이 미 본토로 대거 이탈할 수 있기 때문에 한국은행도 서서히 금리인상을 준비해야 할 것으로 보인다.

이처럼 그동안 채권랠리를 이끌었던 전 세계적인 초저금리 현상이 마무리 국면에 접어들면서 채권에서 주식으로 글로벌 유동성이 이동하는 그레이트 로테이션Great Rotation 분위기가 무르익고 있다. 실제로 2017년 5월 코스피 지수가 전인미답의 2300선을 강하게 뚫고 올라서는 등 위험자산에 대한 수요가 폭증하고 있다. 기업이익 증가추세와 맞물려 새 정부 출범 후 기업지배구조개선이 속도를 내고 주주친화정책이 활성화되면 3000선 돌파도 가능하다는 장밋빛 전망까지 확산하고 있다. 주식에 대한 시장 관심이 높아지는 배경이다.

반면 저금리 시절 효자 노릇을 했던 채권 및 부동산 투자는 상황이 조금 다르다. 금리가 오르면 채권 값이 떨어지면서 원금손실 위험까지 커져 채권 투자 매력이 뚝 떨어진다. 낮은 금융비용으로 가능했던 부동산 투자 장벽이 높아지면서 부동산 활황세가 누그러질 수도 있다. 이처럼 재테크 시장이 변곡점을 맞으면서 투자자들도 기민하게 대응해야 하는 상황이 됐다.

재테크는 이제 선택의 문제가 아니다. '준비 안 된 100세 시대는 재앙' 이라는 말이 이제는 식상할 정도로 노후 준비를 위한 재테크가 당면 과제로 떠오른 지 오래다. 여전히 '나중에 어떻게 되겠지'라는 막연한 생각만 하고 있다면 지금이라도 마음을 고쳐먹어야 한다. 한 은행권 PB는 "국민연금에 기대봤자 은퇴 후 기껏 월 100만 원 정도 받을 테고, 퇴직연금이나 개인연금 등에 가입했더라도 추가적으로 100만 원 정도를 더 받는 수준이다. 이렇게라도 연금을 받는다면 그나마 다행일 수도 있다. 하지만 매달 이 정도 돈으로 과연 은퇴 이후 40년을 지낼 수 있을까 자문해봐야 한다"고 주의를 환기시켰다. 맞는 말이다. 60세에 퇴직한 뒤 이것저것 다 붙여서 연금으로 받는 200만 원은 사실 적은 돈이 아닐지 모른다. 하지만 40년 후인 100세 때 200만 원이 과연 노후생활을 보장하는 안전망 역할을 할 수 있을까. 불안하기 짝이 없다. 역시 지금부터라도 재테크를 통해 자산을 더 불리는 수밖에 없다는 결론이 나온다.

하지만 말처럼 재테크가 쉽지 않다는 점이 문제다. 특히 현재처럼 글로벌 금융시장이 변곡점에 서 있다면 더 그렇다. 모든 게 불확실하기 때문에 어디에 투자를 해야 하고 얼마나 길게 투자를 해야 할지 결정하는 것은 너무 어려운 일이다. 때문에 2017 서울머니쇼는 대혼란에 빠져 있는 투자자들에게 재테크 풍향계와 같은 해법을 제시하는 데 초점을 맞췄다. 《문재인 시대 재테크》는 서울머니쇼에 참석한 국내외 최고 재테크·투자전문가 45명이 부동산, 증권, 노후준비, 절세 등의 재테크 노하우를 풀어낸 책이다. 투자자들이 당장 실제 투자에 적용할 수 있을 정도로 구체적인 재테크 정보를 가득 담았기에 독자들에게 훌륭한 '재테크 나침반'이 되어줄 것이다.

　물론 이 책 하나에 재테크의 모든 것이 담겨 있다고 할 수는 없다. 다만 이 책을 계기로 더 많은 재테크 서적을 읽고, 주변 공인중개사를 찾고, 상장기업 재무제표를 뒤져보는 등의 변화가 일어났으면 한다. 무엇이든 노력하는 사람에게는 그에 맞는 선물이 있으리라 믿는다. 모쪼록 이 책을 통해 보다 많은 사람들이 재테크에 대한 더 많은 관심을 갖게 되길 기대한다. 2017년 한 해는 대한민국 국민 모두 부자가 되는 원년이 됐으면 한다.

박봉권 매일경제 금융부 부장

CONTENTS

Seoul
Money
Show

PART. 1

문재인 시대
부동산 투자 전략

Chapter

01

국가대표 PB들과
다시 짜는 '부동산 투자전략'

문재인 대통령 시대가 개막됐다.

2위 후보와의 사상최대 득표 차에서 보듯 많은 국민들의 사랑을 받는 대통령이 탄생했다. 적폐청산, 원활한 소통, 대북관계 개선 등 그동안 우리 사회를 억누르고 있었던 과제들을 문 대통령이 풀어나갈 것이라는 기대감 또한 크다.

하지만 재테크 시장에서 문재인 시대를 바라보는 시각은 사뭇 다르다. 선거 중 문재인 캠프에서 흘러나왔던 부동산 보유세 인상 방안 검토, 재건축초과이익환수제(재건축 조합원 1인당 평균 개발 이익이 3,000만 원 이상일 경우 초과이익 부분에 대해 최고 50% 부담금 부과) 부활, 주식양도차익과세(주식 매도 시 차익이 발생하면 세금을 부과하는 것) 가능성 등은 한국 재테크 시장을 억누르는 요소가 될 것이라는 우려가 크다. 특히 부동산 시장에서는 '금리 상승기와 맞물려 이 같은 반시장적 규제들이 강화된다면 시장 침체가 불을 보듯 뻔하다'는 전망이 지배적이다.

문재인 정부의 규제 강화 움직임이 걸림돌

2017년 5월 11일 개막된 아시아 최대 재테크 박람회 '2017 서울머니쇼'에 참가한 국내 부동산 최고수들도 비슷한 견해를 보였다. '국가대표 부동산 PB들의 맞춤형 과외' 세미나에서 토론자로 나선 이영진 신한은행 부동산투자자문센터 팀장은 "서민 주거안정을 위한 지원사업과 반대로 부동산 소유자들의 보유세 부담은 증가할 것이란 분위기"라면서 규제 강화 전망을 내놨다. 특히 재건축초과이익환수제가 2018년 부활할 것인지에 주목할 것을 주문했다. 새 정부가 서울 강남 재건축 시장에 직격탄을 날릴 수 있는 이 제도를 강행한다는 것은 그만큼 부동산 시장을 과열로 판단했다는 것이기에, 향후 다른 규제들 역시 강화할 것이라는 전망을 내릴 수 있기 때문이다. 아직은 지켜볼 필요가 있지만 상황은 그리 만만하지 않다는 게 이영진 팀장의 생각이다.

KB국민은행 WM스타자문단에서 부동산전문위원을 맡고 있는 임채우 위원은 좀 더 비관적이다. 그는 9년 만에 진보 정권이 들어서면서 부동산 정책이 규제 중심으로 변화할 것이라고 내다봤다. 1,344조 원에 달

| 문재인 시대 부동산 투자법을 설명하는 이영진 신한은행 부동산투자자문센터 팀장

하는 가계부채를 줄이기 위해서는 LTV(담보인정비율, 담보 물건의 실제 가치 대비 대출금액 비율), DTI(총부채상환비율, 주택담보대출의 연간 원리금 상환액과 기타 부채에 대해 연간 상환한 이자의 합을 연소득으로 나눈 비율로, 수치가 낮을수록 빚을 갚을 수 있는 능력이 높다고 인정됨) 규제가 강화될 수밖에 없다는 생각이다 (실제로 2017년 6월 19일, 관련 규제 강화가 발표됐다). 임 위원은 "과거 노무현 정권에서 그랬듯 보유세가 강화되고 재건축초과이익환수제도 역시 부활할 가능성이 크다. 세입자 주거안정을 위해 계약갱신청구권(만기 후 세입자가 계약 연장을 청구하는 것)이 도입되고 무주택 서민을 위한 공공주택 공급도 증가할 수 있다"고 말했다. 이 같은 흐름이 모두 부동산 투자자에게는 악재가 될 것이라는 의미다.

이처럼 부동산 시장 규제는 강화되고 금리는 올라갈 전망이다 보니 김규정 NH투자증권 부동산연구위원은 "단기 고수익 전략을 버리고 중장기 가치 투자 전략을 세우는 게 합리적"이라고 충고한다.

이들 부동산 고수 3인방의 말을 종합해보면 당장 부동산 시장에 적용되는 문재인 정부의 정책이 가시화되지 않았지만, 정책 방향이 반시장적으로 흐르기 쉬울 것이며 이에 따라 부동산 시장 불확실성이 2016년에 비해 더 커질 것은 분명해 보인다.

소형평수 아파트 인기는 시들지 않아

단기적인 정책 변수가 이와 같다면 중장기적인 부동산 시장 흐름은 어떨까. 인구 급감과 산업 재편 등으로 부정적인 전망이 끊이지 않는 상황에서 부동산 투자자라면 불안감을 떨치기가 쉽지 않다.

이에 대해 이영진 팀장은 "인구 고령화와 경제활동인구 감소는 부동산 시장의 불안 요소다. 하지만 우리나라의 주택보급률 외 인구 1,000명당 주택 수를 보면 아직 필요 주택은 부족한 상황"이라며 지나친 우려를 가질 필요가 없다는 입장이다.

우리나라의 인구 1,000명당 주택 수는 2015년 기준 전국 383호, 서울 366호로 OECD 선진국 대비 약 100호 정도가 부족한 상황이다. 특히 인구 1,000명의 속성이 과거와 달리 점차 세대원에서 개별주택을 필요로 하는 나홀로 가구로 분화되고 있는 상황이라 인구 감소 · 고령화 등이 부동산 시장에 엄청난 악영향을 주지는 않을 것 같다는 뜻이다. 쉽게 말하면 인구가 준다고 하더라도 1인 가구가 늘고 있으니 집 수요는 크게 줄지 않을 것이며, 단 주된 수요층은 소형평수에 몰릴 것이라고 볼 수 있다.

김규정 위원 역시 비슷한 생각이다. 그는 "통계청 발표에 따르면 1인 가구 증가로 우리나라 가구 수가 정점을 찍는 시기는 2043년이다. 이는 총인구가 정점을 이루는 시기보다 늦다. 이전 전망에 비해서도 가구 수 정점 시기가 지연되고 있다"고 강조한다. 장기적인 인구 감소 영향을 무시할 수 없지만, 단기적으로는 1~2인 가구를 중심으로 세대 분화가 지속되면서 당분간 중소형 새집 수요는 걱정 없을 것이라는 이야기다. 김 위원은 "2045년 1~2인 가구는 전체 가구 중 71.2%에 달할 전망"이라고 덧붙였다.

2017년 현재 55% 정도인 1~2인 가구 비율 증가가 뚜렷한 만큼 전용면적 60㎡(18.15평) 이하 규모 소형 주택 인기 역시 여전할 전망이다. 1~2인 가구 대상으로 임대사업을 하려는 수요도 증가해 실수요자뿐 아니라 소형 아파트로 월세를 받아 노후를 준비하려는 사람이 많아질 것이다. 이런 이유로 소형의 인기가 지속될 것이라는 데 부동산 고수들은 대체적으로 동의했다.

당연한 이야기인 듯하지만 '설마 이정도일까' 하는 결과도 있다. 이영진 팀장은 "2006년 이후 서울의 아파트 실거래신고내역을 살펴보니 매년 18평 이하 아파트 거래량이 전체 거래량의 평균 40.2%를 차지하고 있었다. 거래량이 가장 적었던 2012년에도 전체 거래량의 44%로 꾸준했고 면적을 82.6㎡(25평) 이하로 확대할 경우 전체 거래량의 평균 83%까지 치솟았다"고 말했다. 이미 10년 전부터 소형평수는 거래량 다수를 차지하고 있었고 앞으로 거주환경과 인구구조, 매수자의 구매력, 은퇴세대의 임대사업자 유입 등 많은 요인들이 소형평형의 차별화를 부추길 것이라는 설명이다.

고령화가 진행되며 65세 이상 고령 가구주가 급증하는 것도 부동산 시장에 좋은 소식이다. 중장년 가구주들의 주택 선호요인이 주택시장의 트렌드를 주도할 수 있다는 게 김 위원의 분석이다. 그는 "자산규모를 고려할 때 고급주택, 고가주택 수요 유발이 가능하고 고령층을 위한 기능강화 주택도 예상해 볼 수 있다"고 말했다. 또 "4차 산업혁명과 맞물려 인공지능 기능이 강화된 스마트주택, 스마트도시의 개발도 기대할 수 있다"고 덧붙였다.

임채우 위원 역시 이 같은 견해에 동의한다. 임 위원은 "우리나라 주택보급률은 2014년 기준 103.5%로 가구 수 대비 주택 수는 100%가 넘었다. 하지만 원활한 주택보급을 위한 수준(110%)에는 아직 못 미친 상황이다"라고 말했다. 그는 이어 "이 같은 이유로 당분간 주택수요는 계속될 것으로 보이고 급격한 가격하락은 없을 전망이다"라고 밝혔다. 물론 지역에 따라 주택보급률이 110%가 넘는 지역의 경우 주택 가격이 오르기보다는 약보합을 보일 것으로 생각된다. 또 한국 경제성장률이 2%대로 낮기에 주택가격이 상승하더라도 경제성장률 수준의 완만한 상승세

| 향후 부동산 전망을 설명 중인 임채우 국민은행 WM스타자문단 부동산전문위원

를 보일 것으로 예상되긴 하지만 일반인들이 우려하는 수준의 주택가격
폭락은 없을 것이라는 데 대체적으로 공감한다.

　그럼 좀 더 세밀하게 주택시장을 살펴보자. 주택시장은 2016년 11·3
부동산 대책 등으로 겨울 거래량이 줄고 암울한 전망들이 나왔지만 대
선 전 잠깐의 관망기를 제외하고는 서울의 경우 매매가격이 꾸준히 오
르고 있다. 이 때문에 주변에 집 없는 사람들은 '이거 더 오르는 것 아니
냐. 지금이라도 사야 하는 것인가' 하며 불안한 모습을 감추지 않고 있
다. 정말 지금 집을 구매해도 괜찮은 것일까.

　임 위원은 "과거 2005~2016년 총 11년간 전국 평균 아파트 입주물량
은 27만 가구다. 2017~2018년 입주물량은 과거 평균 입주물량보다 10

만 가구가 많은 상황이다. 이 지표만 볼 경우 일시적인 공급 과다로 볼 수 있다"며 공급요소를 설명했다. 하지만 그는 "2019년 아파트 입주물량은 25만 가구에 그쳐 과거 평균 공급물량보다 적다. 이것을 감안했을 때 일시적 공급 과다로 주택시장이 위축될 수 있으나 다시 회복되는 국면을 보일 것으로 보인다"고 밝혔다. 따라서 주택 구입 적기는 공급물량이 많아 위축되는 2017~2018년이 될 수 있다는 주장이다. 한 마디로 2017년과 2018년 조금 주춤할 때 미리 챙기라는 뜻이다.

이영진 팀장의 단기 전망도 밝지는 않다. 그는 "2016년 말까지 아파트 시장이 암울했다고 보기는 어렵다. 2006년 시행된 부동산실거래신고 제도 통계를 보면 서울과 전국 공통으로 아파트 거래량은 2006년에 이어 2015년, 2016년에 가장 많은 거래 건수를 기록했다"고 말했다. 국지적 양극화에 따라 체감은 다를 수 있지만 아파트 거래량으로 보았을 때 2006년 이후 가장 많은 거래량을 과거 3년 동안 꾸준히 기록했다는 설명이다. 이 팀장은 "2017년은 과연 이 같은 거래량을 이어갈 수 있을지 지켜봐야 하겠지만 아무래도 순환주기적으로 에너지가 소진될 것으로 보인다. 수도권 입주물량의 증가가 서울 주요 지역의 전월세 시장에 영향을 미칠 수밖에 없기 때문에 상승폭은 둔화될 전망이다"라고 설명했다.

김규정 위원은 좀 더 신중하다. 2017년 하반기부터 아파트 준공 입주량이 증가하고 입주지역을 중심으로 임대료와 집값 안정세가 나타날 수 있다고 전망했다. 또 입주시장으로 수요가 이동하면서 기존 재고주택의 매물 증가나 가격 조정이 나타날 수 있다는 분석이다. 김 위원은 "1분기까지는 주택시장의 거래나 가격 동향이 전년과 비슷하거나 안정적인 모습을 보였지만 물량 부담은 여전히 단기적으로 위협적인 변수"라고 지적했다.

가격이 어느 정도 진정될 것이라고 하지만 주택 수요자 입장에서 불안감은 가시지 않는다. 서울 아파트 가격이 15주 연속 상승(2017년 5월 8일 〈주간 KB주택시장 동향〉 기준)하는 등 오름세가 좀처럼 꺾이지 않는 상황이기 때문이다.

이에 대해 전문가들은 지역별 차별화를 받아들이라는 입장이다. 말 그대로 오르는 지역, 오르는 평수를 감안해 매수하라는 의미다. 이영진 팀장은 "앞으로도 지역별, 평형별 차별화는 지속될 것이다. 특히 59.5㎡(18평) 미만의 아파트, 서울 도심 주요지역이 부동산 전반의 분위기와 상관없이 차별화될 것으로 예상된다"고 내다봤다. 그는 이어 "2017년 주택 경기가 둔화 또는 하락될 것으로 보는 견해가 있었지만 실제 거래량을 보면 서울 아파트 기준 1월 7,720건, 2월 8,064건으로 하락했다고 보기 어렵다. 대출규제 및 공급물량 증가가 상승폭을 둔화시키겠지만 주요지역 소형 평수는 차별적 상승세를 기록할 것으로 보인다"고 말했다.

김규정 위원 역시 "서울은 새집 공급 부담이 적고 투자 이슈도 살아 있어 다른 지역에 비해 상대적인 상승세 지속이 예상된다"고 말했다. 초과이익환수제 적용을 피하기 위해 속도를 내고 있는 강남권 재건축아파트의 빠른 회복세와 이주에 따른 전세불안이 나타날 수 있고, 도심 역세권 소형시장은 실수요 움직임이 아직 안정적이라는 분석이다. 한강변 재건축아파트지구들의 사업진행에 따라 투자수요가 유발될 수도 있고 여의도와 용산, 성수 지역 등 강남권에 비해 낮은 선호도와 더딘 개발속도를 보여온 비강남권 한강변 지구에 대한 관심도 최근 높아지는 상황이라고 분위기를 전한다.

임채우 위원은 "2017년 4월 말까지의 아파트 가격 상승률을 보면 서울을 비롯한 수도권은 미미하지만 상승하는 모습을 보이고 있고, 광역시 중 대구와 울산은 마이너스를 보였으며 세종시를 제외한 기타 지방지역도 마이너스를 기록했다. 대구와 울산은 단기간 가격이 급등했고 입주물량이 많았으며 경상도, 전라도, 충청도 등 기타 지방 지역은 주택보급률이 높아 가격이 하락하고 있는 것으로 판단된다"고 최근의 상황을 설명했다. 그는 "이처럼 재건축·재개발이 진행되면서 주택 멸실이 많고 직장인 수요 역시 많은 수도권 지역은 강보합세를 보이고, 나머지 지방 지역은 약보합세를 보일 것"이라고 전망했다.

청약은 2017~2018년이 적기

부동산 전문가들은 2017년과 2018년이 청약 적기라는 조언도 아끼지 않았다. 임채우 위원은 "11·3 부동산 대책으로 과거 5년간 주택 분양에 당첨된 적이 있거나 세대주가 아닌 사람은 1순위 청약을 할 수 없고, 분양권 전매제한이 등기 시까지로 강화된 지역이 많아 투자수요가 줄어들어 실수요자의 당첨 가능성이 높아졌다"고 말했다. 이 때문에 무주택

| 청약 전략에 대해 설명하고 있는 참석한 김규정 NH투자증권 부동산 연구위원

세대주의 경우는 적극적으로 청약시장을 두드려 내 집 장만에 나서볼 만하다는 것이다.

김규정 위원은 "무주택자들은 광역교통망이 확보된 신도시와 공공택지를 중심으로 실거주 목적의 청약전략을 세우는 것이 좋다. 공공택지의 낮은 분양가격과 공급 감소에 따른 희소가치도 기대할 수 있다. 보유가치가 높은 재건축·재개발 유망단지도 예비청약자들이 관심 가질 만한 상품"이라고 충고했다. 단 중도금대출 및 잔금대출 규제 변수는 염두에 둘 필요가 있다는 당부다.

김 위원은 "당첨 경쟁력이 높아졌다는 점에서 단기 투자성이 높은 유망단지 청약 전략도 이용할 수 있다"고 설명한다. 서울 등 유망지역 전매제한이 강화되긴 했지만 조정대상지역에서 제외된 지역을 중심으로 최근 초기 청약 관심이 이어지는 곳도 적지 않기 때문에 목표수익을 너무 과도하게 잡지 않는 선에서 프리미엄을 목표로 한 청약도 해볼 만하다는 것이다.

유동인구가 많은 역세권은 항상 주목되는 지역이다. 역세권 오피스텔이나 주상복합아파트 투자에 대한 관심은 여전하다. 이에 대한 부동산 전문가들의 생각은 어떨까. 서울머니쇼에 참가했던 부동산 고수들의 생각은 엇갈리는 모습이다.

이영진 팀장은 "아파트가 더 좋은 투자다. 오피스텔과 주상복합은 자본수익(매매차익)을 기대할 수 없다. 운영수익 정도를 기대할 수 있겠다. 일반적으로 전체 투자수익에서 단기적인 운영수익만 보고 장기적인 자본수익을 무시하는 경향이 있는데 이는 매우 잘못된 투자 판단이라고 본다. 흔히 알고 있는 오피스텔과 주상복합이 동일 면적대비 전용율이 낮고 감가율과 관리비가 높다는 점을 제외하고라도 단지형의 아파트 소형평수를 대신할 조건은 많지 않다고 본다"고 강조했다.

김규정 위원 역시 "오피스텔은 소액 투자가 가능하고 임대수익률도 다른 임대수익형 부동산에 비해 높은 편이지만, 서울 오피스텔 임대수익률은 계속 하락하고 있고 단기 공급부담도 커졌다. 최근에는 공급부담이 상대적으로 낮은 섹션오피스분양(오피스빌딩을 다양한 규모로 분할 분양하는 것)이나 매각차익을 기대할 수 있는 소형아파트를 선택하는 투자자도 많다"고 최근 부정적인 분위기를 전했다.

반면 임채우 위원은 "오피스텔이나 주상복합아파트는 주로 지하철 역세권의 상업지역에 들어서기 때문에 대중교통 여건이 매우 우수하다. 같은 아파트 단지라도 역에서 가까운 앞 동이 매매 가격이나 전월세 가격을 높게 받는 사례에서 알 수 있듯, 지하철 역세권 부동산의 인기는 좋은 편"이라고 긍정적인 견해를 보였다. 또 임 위원은 "실제로 3호선 삼송역 인근의 방 2~3개짜리 아파텔이나 위례신도시 아파텔은 높은 인기 속에 분양을 마감했다. 단 단지가 작은 경우 아파트 조경이나 커뮤니티가 부족해 주거 만족도가 떨어질 수 있기 때문에 세대수가 많은 단지 중심으로 선별적 투자에 나서야 한다"고 밝혔다.

수익형 부동산은 소형 아파트로

최근 부동산 시장에서는 주택이나 상가를 매입해서 임대를 주는 수익형 부동산이 노후 대비 수단으로 뜨고 있다. 하지만 일반적인 월급쟁이 입장에서 은퇴 준비에 대한 걱정은 크지만 자영업 경험이 없다보니 주택임대사업자나 상가임대사업자와 같은 직업이 생소하고 어떻게 접근해야 할지 애매한 측면이 있다.

서울머니쇼에 참석한 부동산 전문가들은 이 같은 어려움을 겪는 투자자들을 위한 조언도 아끼지 않았다. 임채우 위원은 "투자금이 가장 적은 것은 오피스텔이다. 보통 전용면적 6~7평인 원룸형 오피스텔의 경우 강남권과 광화문을 제외한 서울 매매가격은 1억 5,000만 원 내외다. 대출을 70%까지 받는다면 5,500만 원이면 구입 가능하다"고 소개했다. 또 "강남권의 신규 오피스텔은 2억 5,000만~3억 원 수준으로 높다. 임대료는 보증금 500만 원에 월 50만 원 수준이다. 1~2년 전만 하더라도 보증금 1,000만 원에 월 55만 원 수준이었는데 오피스텔 공급이 많다보니 임대료가 내려간 것이다. 수익률도 5% 내외로 보면 된다"고 최근 오피스텔 임대 분위기를 설명했다. 우리나라 1인 가구가 계속 증가하고 있어서 이 같은 임대업의 장기 전망은 나쁘지 않지만 업무밀집지역이나 대학가 등 수요가 풍부한 지역에 한정해서 투자하라고 임 위원은 충고했다.

자금여력이 3억 원 이상이라면 구분상가 구입을 고려할 만하다. 보통 50% 대출을 받는다고 하면 6억 원까지 구입이 가능하기 때문에 서울에서 1층 기준으로 전용 8평 내외, 3층 기준으로는 전용 30평 내외의 상가 구입이 가능하다. 상권분석이 중요하긴 하지만 잘 구입한 상가는 안정적인 임대수익이 가능하고 관리에 대한 부담이 없어 노후 준비상품으로 제격이라는 임 위원의 설명이다.

이영진 팀장은 "부동산 투자자문을 10년 정도 하다 보니 시즌별 투자 유행을 알 수 있다. 10년 전, 아파트 상담부터 원룸주택, 도시형생활주택, 상가주택, 구분상가 등으로 10억 원 내외의 자금을 가지고 은퇴를 앞둔 분들의 질문이 많았던 것으로 기억한다. 지금은 꼬마빌딩이 입에 오르내리고 있다"고 설명했다. 그는 이어 "지난 2~3년 동안은 구분상가의 투자 문의가 굉장히 많았다. 현재 재고물량으로 돌아오는 수도권, 지방 등지의 택지개발지구 내 중심상가들이다. 그다지 좋은 의견을 줄 수 없었던 기억이 난다"고 과거 트렌드를 설명했다.

대부분의 사람들은 은퇴 후 자산을 지키며 은퇴 전과 유사한 현금흐름(수입)을 이어가는 것 외에는 욕심이 없다고 이야기한다. 하지만 이영진 팀장은 "서울 주요지역 3~4억 원 수준의 소형아파트 2~3채를 수익형 부동산으로 운영해보라는 조언에 대해서는 싱겁게 생각하시는 분이 많다"고 안타까워했다. 자신의 자금 규모를 객관적이고 냉정하게 판단하고, 환금성과 자본수익, 유지관리(운영)의 편리성, 세제혜택 등 여러 가지 부분에 있어 '은퇴 후 원하는 생활'에 부합되는 소형아파트 투자가 최우선이라고 이 팀장은 밝혔다.

은퇴를 앞둔 사람들 중에서는 퇴직금을 더해 5억 원 이상의 목돈을 가진 이들이 상당하다. 이 때문에 소형 아파트를 이용한 수익형 부동산 운용은 물론 '꼬마빌딩'을 노려보라는 말도 있다. 이에 대한 전문가들은 충분히 시도해볼 만한 이야기라는 반응이다.

임채우 위원은 "자금여력이 10억 원 내외라면 1층에 상가가 있고 2~3층은 주택이 있는 상가주택이나 꼬마빌딩에 투자해볼 만하다. 최근 자문했던 고객 중 신도시의 대지 70평 규모에 14억 5,000만 원 하는 상가주택을 보증금과 대출을 끼고 7억 원에 구입한 사례가 있다. 수익률은 6% 수준이다. 잘 구입한 사례이지만, 상가주택의 수익률은 보통 4% 내외로 그리 높지 않은 편"이라고 설명했다.

꼬마빌딩의 열풍이 지속되고 인기도 높지만 꼬마빌딩은 가격이 많이 오른 상태라 수익률이 3~4%에 불과한 상황이기 때문에 선별적으로 접근할 필요가 있다. 임 위원은 "저렴하게 구입하는 것도 중요하지만 좋은 임차인을 유치하고 적절한 관리로 건물의 가치를 높이는 전략이 매우 중요함을 잊어서는 안된다"고 지적했다.

그는 이어 "11·3 대책과 금리 인상 가능성에도 불구하고 10억 원대 이상의 자금을 보유하고 있는 사람은 임대수익이 나오는 상가, 상가주택, 꼬마빌딩에 대한 관심이 매우 높다. 실제 3월에 들어서면서 이 같은 상담에 대한 의뢰건수가 2016년보다 많아진 상황"이라고 설명했다. 특히 노후 준비용으로 본인이 거주하면서 관리가 가능한 상가주택에 대한 관심이 많고 구분상가를 사는 것보다는 땅이 있는 상가주택을 선호하는 분위기라고 임 위원은 전했다. 지가상승에 따른 시세차익을 기대할 수 있기 때문이다. 임 위원은 "30억 원 이상 자금을 가지고 있는 사람이나 사업장을 가지고 있는 사람도 투자용이나 사옥용으로 건물 구입에 대한 자문을 많이 의뢰하고 있다"고 덧붙였다.

이영진 팀장은 "꼬마빌딩 가격은 상권이 다른 만큼 지역에 따른 편차가 상당하다. 이 때문에 투자자들이 이를 받아들이는 데 최소 6개월 정도는 걸린다. 전체적인 수요로 보면 30억~50억 원 사이 꼬마빌딩을 원하는 수요는 전혀 줄어들지 않고 있다. 오히려 늘어나고 있다고 보는 게 맞다"고 말했다. 또 "금리가 상승한다고 하지만 절대금리 수준이 낮고, 이미 매매차익을 확보한 소유자들이 쉽게 건물을 내놓지 않는 매도자 우위 시장임에 틀림없다. 금리인상과 경제불안 등의 요인이 커지지 않는

한 매도자 우위의 시장은 지속될 것"이라고 전망했다.

물론 신중론도 있다. 김규정 위원은 "자산가들의 경우 풍부한 유동성에 비해 투자대안이 많지 않아 부동산 투자 관심이 높다. 증여 등 자산승계전략에 있어서도 부동산이 여러모로 유리한 측면이 많아 관심이 많은 편이다. 하지만 실물경기가 좋지 않아 임차인들의 영업력도 떨어져 임대수익률이 생각만큼 높지 않다. 강남권 매물의 경우 2~3%대 임대수익률 상품이 일반적이고 공실 위험이 높은 건물도 매각하지 않고 장기 보유하는 법인 및 개인 투자자가 많다"고 설명했다.

특히 개인 투자가 많은 꼬마빌딩의 경우 금리와 공실률 상승, 임대수익률 하락 등에 영향을 많이 받는다. 건물 유지관리 비용이 늘고 현금흐름이 악화되면 운영하기가 어려워지는 만큼 주의하라는 뜻이다. 김 위원은 "2017년 하반기 이후 임대부동산 대출에 대해 일부 원금분할상환 등 여신가이드라인이 강화·적용될 것으로 예고된 상태라 수요시장 위축 등의 우려도 나타날 수 있다. 글로벌 경기에 비해 국내 실물경제 전망이 좋지 않아 개인 투자자 중심의 꼬마빌딩 운영수익이나 거래 전망은 다소 위축될 수 있다"고 내다봤다.

정부는 2017년 1월 '부동산 임대업 여신심사가이드라인'을 발표하면서 만기 3년 이상 임대업자 대출에 대해 매년 원금의 30분의 1 이상 상환하는 제도를 2017년 하반기부터 시행할 예정이다. 이 때문에 대출 규제가 수익형 부동산 투자에 악영향을 미치지는 않을지 우려가 나오는 상황이다.

임채우 위원은 "제도 자체가 아직 확정되지는 않았지만 만일 시행된다면 상가나 건물 등 수익형 부동산 시장에 직격탄이 될 전망이다. 보통 수익형 부동산 투자의 경우 대출을 50% 정도 받아 이자만 내거나 3~5년 운영한 후 매각해 자본이득을 취하는 경우가 많았는데 원금까지 함께 낸다면 임대료를 받아 원리금을 갚고 나면 남는 게 없어져 상당한 악영향이 우려 된다"고 밝혔다. 제도가 예정대로 시행된다는 전제 하에 20억 원짜리 상가를 사면서 10억 원을 대출받는다면 매년 3,330만 원을 상환해야 한다. 만일 3억 원을 대출받았다면 1년에 1,000만 원을 상환해야 해서 결코 작은 돈이 아니다. 임채우 위원은 "제도가 시행된다면 대출을 줄여야 하고, 수익률이 이전보다도 1%포인트 이상 높은 물건으로 한정해 투자 접근을 해야 한다"고 밝혔다.

김규정 위원 역시 임대목적 부동산 대출, 수익부동산 대출시 일부 원금분할상환 제도가 적용될 경우 매달 지출 비용이 커지면서 임대수익률이 하락하고 현금흐름이 악화될 가능성에 대비할 것을 주문했다. 또 수요시장이 위축되면서 환금성 악화도 나타날 수 있어 단기 투자나 자금 유동성이 좋지 않은 투자자의 경우에는 유의할 필요가 있다고 강조했다.

부지런히 발품 팔아야 부동산 투자 성공

서울머니쇼 토론자로 참가한 부동산 고수 3인방은 모두 수십 년간 부동산 관련 연구를 해오면서 수천 명 이상의 고객들을 지켜본 이들이다.

이 때문에 수많은 성공과 실패를 간접 경험할 수 있었고 나름대로의 철학을 쌓을 수 있었다. 이들은 서울머니쇼 현장에서 자신들이 만나본 인상 깊은 고객들의 상담 사례를 털어놓으며 투자자들이 가져야 할 투자 자세에 대해서도 세심한 조언을 했다.

임채우 위원은 "대부분의 사람들은 자기가 살고 있는 지역 중심으로 아파트나 주택 가격을 알고 있는 정도다. 그나마 부동산에 관심 있다 하는 사람이 오피스텔 정도 투자해볼까 하는 수준이다. 한마디로 부동산 공부가 안 돼 있는 것이다"라며 거액을 투자하기 전에 철저하게 발품을 팔 것을 주문했다.

일례로 부산에 살던 한 고객은 은퇴 후 노후 자금 마련을 위해 부산 지역에 원룸주택을 구입해 연간 9%대 임대수익을 얻었다. 하지만 나이가 들면서 관리에 어려움이 있자 세제 혜택이 끝나는 5년 후 과감히 처분하고 상가 구입을 고려하면서 임 위원에게 자문을 구해왔다. 임 위원의 추천으로 그는 김포 신도시의 약국자리와 마곡지구의 상가를 실사하고 상권을 분석했다. 부산에 거주하지만 상가 구입을 위해 KTX 첫 기차를 타고 수차례 서울에 와 눈으로 부동산을 확인했고 철저한 비교분석 후 마곡지구에 위치한 역세권의 전용면적 12평 상가를 9억 2,000만 원에 구입했다. 입지가 양호하고 주변시세와 비교해서도 저렴한 물건을 잘 잡은 것이다. 또 70세 나이에도 불구하고 꾸준하게 부동산 관련 책을 정독하고, 경제신문의 부동산 면을 매일 접하면서 부동산 흐름을 파악하고 있는 게 임 위원에게도 많은 감동을 줬다.

임 위원은 "부동산 투자에서 중요한 '이론을 공부하고, 부동산 트렌드를 읽고, 현장답사를 통해 입지와 상권을 분석한 후 매입을 하는' 모범적인 사례"라고 설명했다. 개인 자산의 대부분을 투자하는 부동산 투자는 소문 한두 마디, 인터넷 검색, 한두 번 휘~ 둘러보는 정도로는 안 된다는 뜻으로도 풀이된다.

이영진 팀장은 전문직으로서 은퇴를 앞두고 현재 공무원 신분인 고객의 사례를 털어놨다. 이 고객의 배우자는 그간 적은 월급을 열심히 모아 10억 원을 마련했다. 소중한 돈이니 만큼 투자자문 상담을 정말 질릴 정도로 매우 많이 했다. '선택장애'로 1년여를 상담만 한 것이다.

그 고객과 배우자는 퇴직 시기가 점차 다가오니 조급해져 주말에 수원 소재 공단부지 내 아파트형 공장 1층의 상가를 소개받아 다녀왔다. 주요 출입구 왼쪽에 편의점 또는 커피숍, 세탁물 취급소 등을 병행할 수 있는 좋은 자리였다. 너무도 아까운 마음이 들어 덜컥 가계약한 후 월요일에 상담을 요청해 왔다. 이 팀장이 주변을 확인해보니 유사한 아파트형 공장들이 많았다. 또한 이미 너무 많은 경매사례가 있었다. 더 심한 문제는 따로 있었다. 과거 경매사례에 조사된 감정평가서를 보니 주변 1층 임대료 시세가 300만 원을 넘기지 못했다. 하지만 해당 고객은 "최소 500만 원은 받을 수 있다"고 설명을 들었다는 것이다. 너무도 쉽게 확인할 수 있었던 1차적 내용을 그렇게 꼼꼼하던 고객이 놓친 것이다. 다행히 해당 지역의 구분상가 인기가 높아 가계약금은 돌려받을 수 있었다.

결론적으로 이 고객은 서울 주요지역의 재건축 아파트와 임대수익형 소형아파트 2채 등 총 3채로 투자를 마무리했다. 다행히 집값이 많이 올라 2년 반이 지난 2017년 현재 자산가치가 16억 원 정도 된다.

부동산 시장은 '실패'라는 수업료를 내고 공부하기에는 너무도 대가가 크다. 이 때문에 이 팀장은 "다른 사람들 눈치 보며 체면을 차리기보다는 자신의 객관적인 수준과 성향을 전문가를 통해 진단 받아 몸에 맞는 투자방향을 찾으라"고 충고한다.

김규정 위원은 '지피지기면 백전백승'이라며 본인의 자산구성, 투자성향, 투자목적, 목표, 기간, 과거 투자성과 등 자신의 투자성향과 특징, 기준, 운영능력을 정확히 파악하고 맞춤형 투자대상을 공략하라고 강조한다. 말 그대로 현재의 자신을 잘 파악하고 투자하라는 것이다. 또 투자대상은 시장의 주기적 흐름이나 일시적 변화보다는 입지와 상품성을 최우선으로 선택하라고 말한다.

부동산을 사고파는 것은 단순하다. 저가 매입한 상품을 개발해 수익을 극대화하는 전략도 중요하다. 저렴한 대지, 낡은 주택, 건물 등을 투자자들이 선호하는 이유이다. 김 위원은 "슈퍼리치 그룹을 제외하고는 일반적으로 대다수 가계에서 여전히 주거용 부동산 자산 비중이 높다. 1차 은퇴 이후를 대비해 연금 개념의 수익형 부동산을 마련하거나 2차 취업을 위한 수익형 부동산 투자에 관심을 가지는 것이 좋다"고 말했다.

세종시 상가 투자는 보수적으로 접근해야

마지막으로 세종시 투자를 물어봤다. 문재인 대통령이 취임한 이후 세종시 행정수도를 완성할 것이라는 기대감이 높은데 정작 현재 세종시 임대시장은 주택이든 상가든 공급이 몰리면서 그다지 좋지 않은 상황이다. 특히 상가 시장은 공실 도미노 등으로 더욱 취약한 상황이라 투자자들이 어려움을 겪고 있다.

이에 대해 임채우 위원은 "세종시 상가는 분양가가 1층 기준 평당 4,000만 원에 달할 정도로 상당히 높은 금액에 분양을 했다. 분양가가 높다보니 임대료를 높게 책정할 수밖에 없었고, 높은 임대료에 들어올 세입자가 없다 보니 공실이 증가해 상권 형성이 더딘 악순환이 생긴 상황이다. 아파트 입주와 행정 관련 기관이 모두 입주하는 시점까지는 이러한 상황이 지속될 것으로 보여 상가 투자는 보수적으로 접근하는 것이 좋다"고 설명했다. 이영진 팀장 역시 "주변 아파트 단지의 분양과 입주지연의 장기화가 해당 중심상업지의 활성화와 임대료에 영향을 주기 때문에 분양형 구분상가의 경우 아직 바닥이라 보기는 어렵다"며 세종시 상가 투자에 대한 부정적인 견해를 밝혔다.

02

2017년 부동산 이 곳이 '알짜'

부동산은 '언제'보다 '어떤 물건' 살까 고민하라

　2017 서울머니쇼 마지막 날 마지막 시간에 열린 고준석 신한은행 부동산투자자문센터장의 '2017 부동산, 이 곳이 알짜' 강의는 서울머니쇼 행사 중 백미였다. 강의장 내 준비됐던 1,000여 석의 자리는 물론 바닥과 통로까지 들어찬 인파는 말 그대로 인산인해였다. 강의실을 찾은 수많은 사람들의 기대답게 그는 '부동산 투자 불패론'을 설파하면서 실제 어떤 지역에 관심을 가져야 하는지 투자자들이 알기 쉽게 하나하나 찍어 줬다.

　그는 '듣는 것에 그치지 말고 지금 당장 투자하라. 언제 투자할 지 고민하지 말고 어떤 물건을 살 것인가를 따져보라'며 노후를 대비한 적극적인 부동산 투자를 권했다. 결혼을 할 때 '언제 하는가'가 중요한 것이 아니라 '누구랑 하느냐'가 중요한 것처럼 부동산 투자도 이 같은 관점에서 접근하라는 것이다. 국내 1위 은행인 신한은행에서 핵심지점인 청담역지점, 갤러리아팰리스지점, 동부이촌동지점의 지점장 등을 거치면서 수많은 부동산 부자들을 만나 수십 년간 자문해온 경험에서 나온 그의 투자 권유는 투자자들의 마음을 흔들기에 충분했다.

그는 문재인 정부가 들어섰다고 해서 부동산 가격이 어떻게 될까 걱정할 필요가 없다고 주장한다. 부동산 가격은 고점이 없다고 생각해야 하며 부동산도 하나의 상품인 만큼 보이지 않는 손에 의해 가격이 정해진다고 강조한다. 따라서 정부의 규제나 정책에 따라 가격이 크게 좌우될 것을 걱정하지 말라고 수차례 말했다.

고 센터장은 "새 정부가 들어왔다고 해서 종합부동산세를 인상할 것 같은가, 재건축초과이익환수제가 시행될 것 같은가. 전월세 상한제가 제대로 시행될 수 있을 것 같은가"하며 투자자들의 걱정에 오히려 반문했다. 국회에서 법률이 통과돼야 할 문제이며 그러기 위해서는 야당의 협조가 절실한 상황이라 쉽지 않다는 설명이다. 또 새 정부도 경제 살리기에 주력해야 하는 만큼 부동산 시장을 죽이고서는 성공하기가 힘들다는 견해를 가지고 있다.

그는 "현재 재건축·재개발 이주수요가 5만 가구인데 이 이주수요를 어떻게 해야 하는가. 서울 거주자가 지방 가서 살 수는 없고 정부에서 지

| 유망한 부동산 지역을 짚어주는 고준석 신한은행 부동산투자자문센터장

금 생각하는 대로 시장을 관리하기에는 시장 힘이 너무 큰 상황"이라고 설명했다. 결국 정부의 규제가 시장을 이길 수 없고 이를 감안해 지금 부동산 투자를 하는 것을 너무 두려워하지 말라는 의미다.

그렇다면 2017년 하반기 부동산 투자는 어떻게 해야 할까.

이 같은 질문에 고 센터장은 "오늘의 가격으로 부동산 투자를 생각하면 투자할 사람 없다. 5년 전, 10년 전 만약 그 부동산을 샀다면 어땠겠는가? 2007~2008년 금융위기 시절 부동산 가격은 떨어졌다. 당시 아무도 안 샀다. 오늘 부동산을 사지 않으면 5년 뒤 여러분은 부자가 될 수 없다"며 2017년 하반기라고 딱히 부동산 투자를 망설일 이유가 없다고 설명했다.

많은 사람들은 은퇴를 하면 연금 등 금융자산으로 노후를 준비해야 한다고 생각한다. 하지만 이에 대해서도 고 센터장은 강한 반대의견을 가지고 있다. 부동산으로 노후를 준비해야 한다는 것이다.

예를 들어 매월 500만 원으로 생활을 해온 이라면 은퇴 후에도 500만 원 정도의 소득이 나와야 한다. 이 500만 원 소득을 연금 등으로 받는다면 리스크가 크다. 화폐 가치의 하락 때문이다. 지금의 500만 원과 수십 년 후 500만 원의 가치가 다르다는 것이다. 하지만 아파트 월세를 받는다면 월세 가격과 함께 아파트 자체의 자산 가치도 상승하기에 부동산 투자로 하는 노후 준비가 훨씬 유리하다는 생각이다.

많은 사람들은 부동산 투자 시 "돈이 없어서 못한다"고 엄살을 피운다. 하지만 고 센터장은 "돈 500만 원만 있어도 부동산 투자를 할 수 있는 방법이 있다"며 "자기가 자기고 있는 범위에서 투자할 부동산은 얼마든지 있고 돈 문제는 핑계에 불과하다"고 말한다.

부동산 투자는 반드시 배우자와 같이 해야

단 부동산 투자를 하는 데는 원칙이 있다. 부동산은 내가 가지고 있는 전 재산의 70~80%를 움직여야 할 때가 많은 만큼 반드시 배우자와 같이 해야 한다는 것이다. 배우자와 같은 곳을 바라보며 같이 움직이라는 것이 고 센터장의 부동산 투자 철학이다. 프랑스의 전쟁 영웅 나폴레옹이 전쟁 계획을 세울 때는 자기 혼자 해도 되지만 실제 전쟁을 일으킬

때는 혼자 해서는 안 된다고 말한 것과 비슷한 이치다.

고 센터장이 1년 전 2016 서울머니쇼 강의에서 찍어줬던 강남의 11평 소형아파트는 3억 5,000만 원이던 가격이 1년 만에 5억 원을 넘겼다. 2016년에 강의를 들었던 이들 중 이걸 산 사람 손들어 보라는 말에 아무도 손을 들지 못했다. 고 센터장은 그만큼 강의를 듣기만 하고 실천하지 못한 투자자들을 책망했다.

그는 "한국 경제성장률을 2.6~2.7% 정도 예상하고 있는데 국민소득이 오른다고 봤을 때 부동산 가격 역시 오르게 돼 있다. 오늘의 가격을 보고 투자하면 투자할 물건이 하나도 없다. 5~10년 뒤 가격을 보고 사야 한다"고 수차례 강조했다. 고 센터장은 1990년대 말 외환위기 때 서울 구반포 31평 아파트가 2억 원 수준이었지만 지금은 20억 원 수준이라며 다시 한 번 당시 제대로 뛰어들지 못 했던 투자자들의 마음을 아프게 했다. 그는 "몽골제국을 세운 칭기즈칸은 전쟁 계획을 세울 때는 치밀하고 세심하게 했지만 막상 적을 공격할 때는 아주 빠르게 움직였다. 부자가 되지 못한 사람들은 의사결정·실행 모두 아주 느린 게 문제다"라고 꼬집었다.

고 센터장은 미래가치가 없는 부동산은 과감하게 갈아탈 것을 권했다. 내가 살고 있는 집을 팔고 나면 더욱 절실해져 갈아탈 곳이 보이기 시작한다는 것이다. 또 "부동산 투자하는 이들은 꿈을 가지라"고 말한다. 꿈이 큰 만큼 부자가 될 수 있다는 게 고 센터장의 생각이다.

고 센터장은 내 집 마련이 은퇴준비의 첫 할 일이라고 강조한다. 내 집 마련을 이미 한 사람들은 그 집에 미래가치가 있는지 제대로 된 전문가에게 확인하라고 당부했다.

수익형 부동산은 소형아파트로

제대로 내 집 마련을 했다면 이제는 수익형 부동산을 살 시점이다. 그는 "수익형 부동산은 빌딩·상가뿐이 아니다. 수익형 부동산은 미래가치가 있어야 한다. 미래가치는 자본수익(매매차익)과 월세가 동시에 충족돼야 한다. 일반적으로 수익형 부동산이라고 하면 월세에만 초점을 맞추는 게 문제다. 2억 원짜리 오피스텔을 사서 월세 100만 원을 받는다면 수익률 6%가 나오니 투자한다. 3년 동안 꼬박꼬박 받으면 3,600만 원이지만 그 오피스텔의 자산가치가 하락하면 아무 소용없는 짓이다. 임대수익보다 중요한 것은 자본수익"이라고 강조한다. 최근 떠오르는 알짜 소형아파트들을 수익형 부동산 투자 수단으로 삼으라는 뜻이다. 그는 "2016년 말 1인 가구가 500만 가구를 넘었다. 소형아파트가 분양되면 사두는 게 가족에 대한 예의"라고 설명한다.

단 수익형 부동산이라더라도 원룸은 투자하지 말아야 한다. 다세대, 다가구, 오피스텔, 도시형생활주택은 투자하지 말고 소형아파트에 투자하라는 게 고 센터장의 주문이다. 수많은 세입자들을 관리하고 건물 노후에 따른 수리비 등에서 오는 스트레스를 감안하면 소형아파트 만한 게 없다는 설명이다.

| 고준석 센터장의 강의를 경청하는 부동산 투자자들

　인구가 늘어나는 도시에 투자할 것도 주문했다. 단 단순히 인구가 늘어나는 곳보다는 소비할 수 있는 이들이 많은 곳을 찾아야 한다고 강조한다. 예를 들어 경기도 화성과 안산은 똑같이 인구가 늘어나는 지역이지만 안산은 소득수준이 낮은 외국인 노동자들의 수가 늘기 때문에 별로라는 것이다. 강남구에서 아파트 가격이 가장 싼 일원동 역시 임대아파트가 많다는 것을 감안해 보라고 설명한다.

　고 센터장이 주목하는 인구 증가 지역은 제주도다. 그는 "10년 후 공항이 하나 더 생긴다. 지금은 정치 문제로 중국 관광객이 줄었지만 언젠가는 풀린다. 제주도는 소형아파트와 땅에 투자하기 좋은 시장"이라고 소개했다. 공항이 생기면 젊은이들의 일자리가 늘어나서 소형 아파트 수요는 늘지만 제주도에 아파트 지을 땅은 부족하다는 점을 생각하면 소형 아파트 가격은 오를 수밖에 없다는 설명이다. 단 '나홀로 아파트'를 사는 것은 삼가라고 충고한다.

제주에 이어 인구가 늘어나는 지역은 강원도 몇 곳. 강릉과 속초 지역의 소형아파트에 그는 주목했다. 서울~양양 고속도로가 개통되었다는 점이 포인트다.

조선 산업으로 어려움을 겪고 있는 거제도에 대한 관심도 주문했다. 고 센터장은 "대한민국 조선 산업 본거지는 거제다. 집값이 떨어졌다. 하지만 우리나라 선박수주량은 늘어나고 있다. 다시 일자리가 늘어나게 된다"며 "거제에 새로 지은 소형아파트가 있는데 이걸 중심으로 갭투자(전세 끼고 매입)하는 것도 방법"이라고 밝혔다.

서울 시내에도 살 만한 소형 아파트들은 얼마든지 널려 있다는 생각이다. 단 강서나 강동의 너무 외곽지역으로 치우치면 안 된다고 말한다.

고 센터장이 강조하는 부동산 투자 철학은 자금계획을 세우는 것이 첫째다. 그는 "무리하게 분양받으면 안 된다. 자금계획은 배우자와 세워라. 배우자 공동명의로 사야 한다"고 강조한다. 또 수익형 부동산은 반드시 소형아파트로 사라는 것이다.

돈이 어느 정도 있는 이들은 '꼬마빌딩'을 사야 한다. 중요한 것은 유동인구가 아니라 소비인구다. 경동시장 주변은 유동인구가 많지만 투자 대상은 아니다. 소비수준이 낮기 때문이다. 반면 유동인구가 적은 청담동은 소비수준이 높다. 하나를 팔아도 남는 곳이다 보니 임대료도 오를 수밖에 없다는 것이다.

현재 1억~2억 원이 있다면 목표를 세워라. 예를 들면 1년에 한 채씩 소형아파트에 갭투자하겠다는 식이다. 최소 소형아파트 5채에 갭투자해야 한다는 게 고 센터장의 지론이다.

Chapter

03

수익형 부동산을 활용한 노후준비

강남 재건축보다 강북을 주목하라

고종완 한국자산관리연구원장은 국내 최고 부동산 전문가로 첫 손가락에 꼽히는 인물이다. 언론에서 부동산 전문가 인터뷰를 할 때마다 기자들이 자주 찾는 사람이다. 현재 한양대와 건국대 부동산대학원의 특임·초빙교수이며 대통령소속 지방자치발전 위원회 자문위원, 경기도 도시재정비위원회 등 각종 부동산 관련 위원회에서 활동도 활발히 하고 있다.

특히 최근에는 재건축 투자를 많이 강조해 왔다. 2016년 서울머니쇼 강의에서는 강남 재건축을 주목하라고 하며 잠실, 수서, 삼성동을 지목하기도 했고 이후에는 강북으로 확산될 가능성이 높다고 말했다.

그랬던 그가 2017 서울머니쇼 '수익형 부동산을 활용한 노후준비' 세미나 강연자로 나서서는 강남보다는 강북에 더 주목하라고 강조했다. 고 원장은 "이제는 달라져야 한다. 2016년과 얘기가 달라진 것은 시장이 변하고 있기 때문이다"고 말했다. 그는 "'강남 재건축, 지금이라도 사야 하느냐'는 질문을 많이 받는다. 하지만 강남 재건축은 2017년까지 오르면 상승이 마무리 될 가능성이 크다고 본다. 그 근거는 선행지표라고 하는 거래량이 줄어들고 있기 때문"이라고 설명했다. 또 문재인 정부의 정책 변화에도 주목하고 있다. 2018년 재건축초과이익환수제가 부활할 것으로 보고 큰 우려를 나타내고 있다.

재건축의 경우 강남은 지난 2012년부터 올랐는데 10년 주기설을 감안하면 2017년까지 오를 만하다는 것이다. 반면 2013년부터 오르기 시작한 강북과 수도권 지역은 2018년까지는 오르지 않겠냐는 견해다. 또 문재인 정부가 강남 재건축보다는 도심재생사업에 부동산 정책 초점을 맞출 것으로 보이는 점에서도 해당 수혜 지역인 강북을 좀 더 주목할 필요가 있다고 말한다.

고 원장은 "'확률이 높을 때 크게 베팅하고 확률이 낮을 때는 쉬라'는 말이 있다. 지금에 딱 어울리는 말이다. '무릎에서 사서 어깨에 팔라'는 말도 있다. 재건축이 추가 상승 여력은 있다. 하지만 이제 재건축은 적극적으로 매수할 때가 아니다. 어깨 정도 왔다"고 강조한다.

그럼 재건축은 이제 하락의 길을 걷는가? 고 원장은 "과거 경험을 보

| 서울 강북에 주목할 것을 주문하는 고종완 한국자산관리연구원장

면 장기간 많이 상승한 부동산은 하락 시 더 많이 떨어진다. 모든 자산은 중장기적으로 평균선에 회귀한다는 것을 감안하면 많이 오른 것은 많이 내리는 것도 염두에 둬야 한다"고 말했다. 슬슬 하락을 대비할 때라는 말이다.

일반인들은 꼭 막판에 흥분한다. 2016년에 재건축 사라고 했을 땐 움직이지 않던 사람들이 지금 사려고 한다는 것이다. 말 그대로 상투투자가 될 수 있다. 고 원장은 "잠실주공5단지, 압구정 등을 사서 돈 번 사람들이 많다. 이제는 과욕은 줄이는 것도 방법이다"고 당부했다.

전반적인 서울 부동산에 대해서는 긍정적인 견해를 가지고 있다. 그는 "서울 부동산은 인구, 소득 등 성장력을 감안해야 한다. 20년 앞선 도쿄가 지금도 성장하고 있는 것을 보면 서울 역시 20년 후에도 여전히 글로벌 메가시티로 성장할 것으로 본다. 인구가 빠져나가는 것은 일시적 현상"이라고 설명했다.

서울 집값은 2030년, 인구는 2031년까지 완만한 상승을 기록하고 가구 수는 2040년까지 늘어난다는 전망을 가지고 있다. 이처럼 인구와 가구 수에 따르면 2030~2040년까지는 상승추세를 유지할 가능성이 크다는 생각이다. 물론 상승과 하락을 반복하는 10년 주기설로 보면 그 사이 변동이 있긴 하지만, 전반적으로 상승추세를 보일 것이라는 견해다.

그는 "(단기간으로 보면) 조금 줄이는 전략도 있다. 가지고 있다면 다소 떨어질 것을 각오하라. 그러나 당장이 아닌 5~10년 후를 본다면 그냥 버티는 전략도 가능하다"고 조언했다.

고 원장 역시 이번 서울머니쇼에 참가한 다른 부동산 고수들과 비슷하게 수익형 부동산에 주목하고 있다. 그는 수익형 부동산의 경우 미래가치에 주목하라고 한다. 임대수익만 보지 말고 토지에서 오는 자본수익까지 고려하라는 뜻이다. 고 원장은 "대지지분 낮은 부동산은 성장지역이 아닌 지역에 잘못 투자하면 10년 후 경우에 따라 자산가치가 하락할 수도 있다. 대표적인 게 서울 도곡동 타워팰리스다. 타워팰리스는 2006년 말 최고가격이 67평짜리가 31억 원이었는데 지금은 21억 원이다. 10억 원이 떨어진 것이다"고 설명했다.

부동산은 토지와 건물로 구성돼 있다. 토지는 연속성이 있지만 건물은 유한성이 있고 감가상각된다. 아파트는 30년 지나면 건물의 경제적

가치가 제로에 가깝게 된다. 가치가 감소함에 따라 가격 역시 하락하는 게 맞다. 따라서 건물 가치가 감소할 경우 5~10년 후 부동산 가격이 오르려면 땅값이 올라야 한다는 것이다. 따라서 오를 만한 땅에 대지지분이 넓어야 한다는 지론이다.

고 원장은 개포주공1단지 15평의 경우 10년 전 10억 원에서 현재 15억 원이 됐지만 바로 옆에 있는 도곡동 타워팰리스는 31억 원에서 21억 원으로 떨어진 예를 들었다. 개포주공1단지 15평의 대지지분은 21평이지만 타워팰리스 61평 대지지분은 10평에 불과하다. 그래서 가격이 안 올랐다는 것이다.

땅값이 오르기 위해서는 네 가지 조건이 필요하다고 설명했다. 우선 미래가치, 성장가치가 있는가 하는 점이다. 성장하는 도시, 지역을 주목해야 하고 반대로 축소지역은 절대 투자하면 안 된다고 말한다. 또 인구가 늘어나고 있는 도시에 주목해야 한다. 인구 감소 지역은 쇠퇴하는 도시이므로 절대 땅값이 오르지 않는다고 설명한다. 그는 "환경이 쾌적하고 새소리가 많이 들려도 사람이 안 살면 돈이 안 된다"고 말한다.

소득과 구매력 증가도 중요하다. 지방의 60%가 쇠퇴하고 있고, 수도권도 40%가 쇠퇴하고 있는 상황에서 지역선택이 중요하다는 설명이다. 또 인프라 증가도 중요하다. 고 원장은 "서울 삼성동은 SRT(수서발 고속열차), GTX(수도권광역 급행철도) 등으로 난리 났다. 삼성, 잠실, 수서 사라고 노래를 불렀었다. 3년 전 2억~2억 5,000만 원 했던 수서동 신동아아파트 전용 33㎡가 지금은 5억 원 한다"고 말했다.

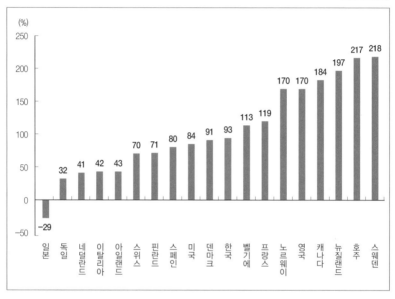

고 원장은 재건축을 제외하고는 집값이 많이 떨어지진 않을 것으로 내다봤다. 아직 우리나라 집값은 높은 수준이 아니라는 설명이다. 글로벌 메가시티인 런던, 상하이, 뉴욕 등에 비하면 거품이 없다. PIR(소득대비 집값)은 세계 주요도시 절반 수준이라고 강조한다. 그는 "뉴욕, 런던은 집값이 평당 1억 3,000만 원 정도 된다. 서울이 2,400만 원, 강남이 4,000만 원 수준이다. 서울 아파트 평당 2,400만 원은 세계적으로 보면 낮은 수준"이라고 설명했다. 이 때문에 서울은 단기적으로 조정을 거치더라도 중장기적으로 많이 오를 가능성이 있을 것으로 내다봤다.

그는 강북 지역의 갭투자에 대해서도 긍정적인 견해다. 창동과 상계

동 지역은 4,000만 원 정도로 갭투자할 만한 곳이 있다는 설명이다. 대지지분과 위치 등을 고려할 때 강북 소형아파트에 주목할 필요가 있다고 말한다.

Chapter
04

재건축·재개발 지분 투자와
분양물량은 어떻게?

재건축초과이익환수제 시행 여부가 재건축 시장 변수

재건축·재개발은 최근까지 국내 부동산 시장을 뒤흔들어 놓은 화두다. 미국 발 금리인상, 입주물량 공급과잉, 탄핵으로 인해 앞당겨진 대통령 선거 등 여러 악재에도 불구하고 서울 강남권 재건축 아파트 가격은 쉽사리 진정 기미를 보이지 않았다. 강남 대표 재건축 추진 단지로 꼽히는 개포주공아파트, 개포시영아파트, 반포주공1단지, 잠실주공5단지 등은 연초 이후 석 달 새 1억 원 가까이 오르기도 했다.

이 같이 재건축이 뒤흔드는 부동산 시장이다 보니 2017 서울머니쇼에서 강사로 나선 박합수 KB국민은행 부동산수석전문위원의 주제도 '재건축·재개발 지분 투자와 분양물량 집중 분석'이었다. 고준석 신한은행 부동산투자자문센터장, 고종완 한국자산관리연구원장 등과 함께 국내 대표 부동산 전문가 중 한 사람으로 꼽히는 그는 "재건축 아파트들의 가격이 상당부분 올라와 있지만 재건축이 단계적으로 진행되면서 불안정성이 해소되고 있는 상황이다. 이제 불확실성이 떨어지며 가격도 떨어지기 어려운 시점"이라고 현재의 상태를 진단했다. 그만큼 가격 면에서 한 템포 늦긴 했지만 그래도 기존에 잘 알려진 강남권 재건축 아파트 말고도 쓸 만한 지역은 있다는 생각이다

그는 "2017년 연말까지 재건축 핵심화두는 재건축초과이익환수제" 라고 강조했다. 2018년 제도 부활이 확정될 경우 재건축 시장에 대한 악영향이 불가피해 이를 폐지해야 한다고 강력히 주장한다.

지금 서울에서 짓고 있는 재건축 단지는 대부분 2019~2021년 준공하고 2021년 이후에는 서울을 둘러싼 수도권의 2기 신도시 사업이 마무리된다. 동탄2신도시, 판교, 광교, 위례, 파주운정, 김포한강, 인천검단 등은 5년 뒤 대부분 입주가 마무리 된다. 이명박 정부 때 시작한 보금자리 사업도 2년 안에 대부분 마무리된다. 보금자리 대표주자인 하남미사(3만 8,000가구), 성남고등, 하남감일 등도 마무리 된다. 굵직한 신도시 사업들이 5년 후 종료되는데 재건축마저 하지 않으면 추가적인 공급이 어려워지고 이럴 경우 서울 주택가격은 급등할 수 있다는 게 박 위원의 생각이다.

재개발 사업 역시 문재인 정부가 출범하면서 도시재생·뉴딜 정책을

서울 개포지구 재건축 현황

단위: 세대

단지	기존 세대수	신축 세대수	일반분양	분양시기	시공사
개포주공2	1,400	1,957	396	2016년 3월	삼성
개포주공3	1,160	1,320	69	2016년 8월	현대
개포시영	1,970	2,296	220	2017년 6월	삼성
개포주공4	2,841	3,256	170	2017년 11월(예상)	GS
개포주공1	5,040	6,662	1,560	2017년 12월(예상)	현대, 현산
개포주공8	1,680	1,975	1,766	2017년 11월	현대, GS
구룡마을	1,107	2,692	1,585	2018년 3월	SH
합계	1만 4,091	2만 158	5,574		

발표했지만 이는 낙후된 지역을 소규모로 재개발하는 방향이다. 핵심은 대규모 철거 재개발이 아니라 100~200가구 개발하는 맞춤형 재개발이라는 것이다. 이 때문에 주택 공급 물량이 많이 안 나올 수 있어 역시 서울 주택 가격을 진정시키기에는 역부족이라는 생각이다. 따라서 '재건축초과이익환수제 시행이 유예되거나 폐지되지 않을까' 하는 기대를 박 위원은 가지고 있다.

재건축 시장이 급격하게 침체하지 않을 것이라는 전제 하에 박 위원은 하나하나 핵심 지역들을 짚어 나갔다. 먼저 재건축이 활발히 진행되고 있는 서울 개포의 경우 2만 세대 정도인데 70%가 중소형이다. 개포 34평의 경우 14억 원 정도 하는 가격에서 더 올라가기엔 물량이 많다는 판단이다. 개포 지역의 단지별 차별화는 지하철 접근성에 달렸다. 개포주공 3·4단지가 비교적 양호한 편이고 8단지는 초역세권이라 관심을 가져야 한다는 설명이다.

박합수 위원은 "도곡동 타워팰리스는 주변에 대안 주택이 없어 주민들이 이사를 못 가고 있다. 우성, 선경, 미도의 중대형이 재건축되면 타워팰리스 입주민 상당수가 이동할 것"이라고 내다봤다. 그만큼 관련 아파트들에 주목할 필요가 있다는 것이다.

강동구의 둔촌주공 재건축 아파트는 평당 2,700만~2,800만 원으로 분양될 예정이며 시세는 3,000만 원으로 예상했다. 비슷한 지역에 있는 고덕은 평당 2,100만~2,300만 원에 분양되고 있고 재건축이 완료되면 둔촌보다 500만 원 낮은 평당 2,500만 원 정도 할 것으로 예상했다. 하남미사는 2018년 지하철 9호선이 개통되면 평당 2,000만 원은 될 것이라는 설명이다. 둔촌주공 3,000만 원, 고덕 2,500만 원, 하남미사 2,000만 원 계단식으로 시세가 형성될 것으로 내다봤다.

반포는 서울에서 선제적으로 재건축이 가장 빨라 가격을 끌고 가는 지역이다. 아크로리버파크는 평당 6,000만 원을 넘어섰다. 반포주공1단지는 30평 초반이 25억 원을 넘었다. 박 위원은 "재건축초과이익환수제를 피해가기 어려운 지역이지만 장기적으로 보면 구매해도 괜찮다. 반포주공1단지 30평대의 경우 5억 원 정도는 더 오를 것으로 보인다"고 설명했다.

압구정 가치는 빠른 속도로 올라가고 있다고 진단했다. 그는 "지금 매수하라고 추천하긴 어렵다. 2013~2014년 압구정 지역 아파트가 바닥이라고 생각하고 35평 아파트를 10억 원에 사라고 했다. 이게 지금 18억 ~19억 원이 됐다. 가격적인 면에서 과감히 매수추천하기 어렵다"고 말했다. 하지만 5~10년 후 이 지역 아파트들이 재건축된다면 명실상부한 전국구 아파트가 되기 때문에 위상을 유지할 것으로 내다봤다.

한강을 둘러싼 아파트들의 중요성도 강조했다. 이 지역 아파트들이 재건축된다면 강북에서 최고의 단지가 될 수 있을 것으로 전망했다. 박 위원은 "용산 신동아아파트는 서울에서 최고의 조망권 단지가 될 거라 확신한다. 신동아아파트가 재건축되면 남쪽은 정남향 한강 조망권, 북쪽은 용산공원 조망권을 확보하게 될 것"이라고 설명했다.

준강남 지역이라고 보는 과천은 재건축이 완성된 래미안에코팰리스(주공11단지), 래미안슈르(주공3단지) 등의 시세를 고려했을 때, 평당 3,000만 원 대 이상의 분양가격이 나올 수 있을 것으로 내다봤다. 강남 개포의 아류로 충분한 가치가 있고 유해시설 없는 청정구역이라는 점에 주목했다. 강남 부유층이 친환경지역을 원하면 과천을 생각할 것이고, 이 때문에 이 지역 아파트에 가치가 있다는 것이다.

재개발되는 용산 가치 재조명될 듯

재개발도 살펴보자. 그동안 '용산 전도사' 역할을 자처했던 박 위원은 이번에도 서울 용산 지역을 가장 강조했다. 역사적으로 용산은 110년 만에 우리가 회복한 지역으로 미군 주둔지가 2017년 말 종료되고 공원이

| "용산 재개발에 주목하라"는 박합수 KB국민은행 수석부동산전문위원

들어설 예정이다. 그는 "공원의 가치가 얼마나 되겠나. 미군 이전을 위해 들어간 돈이 9조 원, 공원조성 예산이 1조 2,000억 원이다. 공원 하나 만들기 위해 10조 2,000억 원을 부담한 셈이다. 이 같은 공원 옆에 사는 것은 10조 원짜리 정원을 품고 사는 것이라고 봐도 무방하다"고 설명했다. 문재인 대통령이 용산 공원을 미국의 센트럴파크처럼 만들겠다고 약속한 만큼 기대를 걸어볼 만하다는 설명도 덧붙였다.

박 위원은 "용산 국제업무지구도 귀환할 것이다. 2013년 국제업무지구가 무산됐는데, 무산 뒤 5년이 지나면 다시 추진될 수 있다. 땅값이 5조 원으로 예상되는데 코레일이 분할매각하겠다고 한다. 어느 정도 규모가 되는 건설사라면 살 수 있는 금액이기 때문에 충분히 개발될 것으로 예상된다"고 말했다. 그는 이어 "호텔, 국제업무지구 등이 들어서면 서울에 사는 외국인이 가장 좋아하는 지역이 될 것"이라고 설명했다. 신분당선이 신사역을 거쳐 용산역까지 이어지게 될 예정이라 용산의 강남 접근성도 좋아지는 점 역시 체크포인트다.

서울 마포는 강북에서 재개발 속도가 가장 빠르다. 마포 아파트들은 평당 3,000만 원을 기록하고 있다. 한강이 보이는 34평이면 10억 원이 된다. 지금 추천하긴 어렵지만 여전히 그 가치를 유지할 것이라고 박 위원은 설명했다.

서대문, 종로, 중구 등 서울 도심 가치도 살펴보자. 도심재생 사업이 진행되면서 계속 유지되는 가치다. 종로는 경희궁의 아침, 경희궁 자이가 최고치를 찍었다. 34평이 10억 원 정도 되는 상황이지만 이 정도 가치를 유지할 것으로 봤다.

"중구 신당동은 개인적으로 유망지역으로 꼽지만 아직은 진행이 느리다"는 설명이다. 성수동의 가치는 나름대로 나쁘지 않지만 문제는 이미 평당 5,000만 원으로 올라 싼 가격이 아니라 부담스럽다는 의견이다. 그동안 잊혀져 있었던 청량리에 대한 재평가도 했다. 그는 "2016년 말 34평이 6억 원이었던 게 지금 6억 5,000만 원 정도로 올라 있다. 앞으로 7억 원 되는 게 멀지 않았다. 청량리역에 GTX(수도권광역 급행철도)가 지나가고, 연말에는 강릉 가는 KTX가 개통될 예정"이라며 긍정적인 견해를 보였다.

박 위원은 서울 강남보다 이제 강북 재건축에 관심을 가질 때라고 여러 차례 말했다. 그는 "도심지역에 직접 사는 것을 선호하는 현상이 늘고 있고 도심재생사업에 힘을 싣는 문재인 정부 기조 등을 감안할 때 서울 강북의 투자성이 2016년보다 더 높게 평가 된다"고 설명했다.

각 지역별 부동산 시장 전망도 빼놓지 않았다. 서울의 경우 아파트 입주량은 2만 6,000가구로 2016년과 비슷한 수준인데 여전히 공급부족이라는 진단이다. 그는 "2006~2008년 3년간 평균 서울 입주량은 4만 7,000가구였는데, 2016~2018년 3년간 입주량은 연 2만 6,000가구 정도다. 이 때문에 공급과잉이라고 할 수 없다. 2017년 3월 기준 서울 미분양 아파트는 200가구다. 서울은 공급부족이 확실하다"고 말했다. 공급이 부족하면 아파트 가격이 상향 곡선을 그릴 수밖에 없는 것은 당연한 이치다.

2015년에 아파트 가격이 11% 올랐던 대구지역은 2017년 입주량이 많아 별 재미를 못 볼 것으로 봤다. 하지만 2018년 입주량이 2017년의 절반 수준으로 떨어진다는 점을 지적하고 2018년에 다시 한 번 오를 것으로 전망했다. 그는 "공급과잉지역은 경상남북도, 충청남북도 정도다. 이 지역 빼고 공급과잉문제는 거의 없다고 보면 된다"고 설명했다.

세종시에 대해서는 부정적인 견해를 보였다. 박 위원은 "세종시 전세값이 떨어지기 시작해 전세가율이 50%도 안 되는 상황이다. 세종시로 이주할 사람은 다 이주한 거다. 다시 대전으로 돌아가려는 사람들도 있다. 세종시는 인구 50만 명 계획으로 만들어 놓은 도시인데 현재 24만 명이다. 세종시는 냉철하게 볼 필요가 있다"고 말했다.

부동산 대박,
경매로 시작하자

전세 탈출은 부동산 경매로

부동산 투자는 꼭 분양권이나 매물로 나온 집을 사는 것만이 전부가
아니다. 경매로 나온 싼 집을 꼼꼼히 살펴 사는 것도 자산 증식의 지름
길이 될 수 있다.

2017 서울머니쇼에서 '부동산 대박, 경매로 시작하자' 세미나의 강사
로 나선 이현정 즐거운컴퍼니 대표는 평범한 주부였지만 30대 후반에 부
동산 경매를 알게 돼 21채 집주인이 됐다. 첫째와 띠동갑인 막내 늦둥이
를 낳고 나서부터 '어떻게 이 아이를 키울 수 있을까' 고민하다가 찾게
된 재테크라는 것이다.

경매를 안 지 3주 만에 입찰하고 두 달 만에 집 한 채를 낙찰 받았다. 지금도 본인이 살고 있는 집이다. 처음 살고 있던 집에서 마이너스 대출 받고, 보증금을 넣어 얻은 집이다. 이현정 대표는 "이사 들어가고 나서 본격적인 고민이 되더라. 우리 집 이자는 어떻게 하지? 그러다보니 더 열심히 경매하게 됐다. 정말 운 좋게도 두 달 만에 3,000만 원 수익이 났다"고 회상했다. 이후 하나하나 경매로 집을 늘려가다 보니 21채를 보유하게 됐고 그 때까지의 이야기를 《나는 돈이 없어도 경매를 한다》는 책으로 엮어내 베스트셀러 작가 반열에 올랐다. 누구보다 평범한 사람이었는데 부동산 경매를 알고 나서부터 특별한 자산가가 됐다는 뜻이다.

사람들은 왜 경매에 관심을 가져야 할까. 이 대표는 "사람들에게 경매를 왜 하고 싶냐 물어보니 '전세를 탈출하고 싶어서'라고 하더라. 나도 그랬다. 내 집 마련하기에 경매가 좋다. 남들보다 1,000만 원, 2,000만 원 저렴하게 사고 싶으면 경매를 공부해서 내 집 마련하라고 적극 권하고 싶다"고 말했다.

두 번째, 소액으로 투자할 수 있는 상품이기 때문이다. 저축해서 2,000만 원 모았을 때 우리가 기대할 수 있는 연간 이자는 20만~30만 원에 불과하다. 하지만 1억 원짜리 주택을 경매 받았을 때 8,000만 원 대출을 끼면 2,000만 원 정도 소액으로도 충분히 살 수 있다는 것이다. 이 대표는 "경매는 일반 매매보다 대출이 좀 더 많이 나오니까 돈 없는 사람들이 유리하다"고 설명했다.

단 임대사업자를 꿈꾸기 위해 함부로 뛰어드는 것은 금물이다. 임대

주택 임대사업자 혜택

자료: 국토부·기재부

구분	미등록 임대	매입 임대	준공공 임대
등록 요건·조건	–	주택(공시지가 서울·수도권 6억 원 이하, 지방은 3억 원 이하) 1가구 이상을 5년간 임대	전용면적 85㎡ 이하 주택 1가구 이상을 10년간 임대
임대료	제한 없음	제한 없음	주변 시세 이하 (인상률은 2년간 5% 이하)
취득세	혜택 없음	전용면적 60㎡ 이하 50% 감면, 60~85㎡ 25% 감면	전용면적 60㎡ 이하 50% 감면, 60~85㎡ 25% 감면
재산세	혜택 없음	전용면적 60㎡ 이하 50% 감면, 60~85㎡ 25% 감면	전용면적 40㎡ 이하 면제, 40~60㎡ 50% 감면, 60~85㎡ 25% 감면
종합 부동산세	합산대상	전용면적 149㎡ 이하는 합산 배제	합산 배제
소득·법인세	혜택 없음	3억 원 이하 주택 3가구를 5년 이상 임대하면 20% 감면	3억 원 이하 이하 주택 3가구를 5년 이상 임대 하면 30% 감면
양도 소득세	보유기간에 따라 10~30% 공제	보유기간에 따라 10~40% 공제	보유기간에 따라 최대 60% 공제(3년 내 신규로 매입 한 주택은 면제)
신청방법	–	거주지 관할 시·군·구청 주택과에서 등록신청 작성· 신청 → 임대 후 20일 이내에 관할 세무서에 신청 → 해당 주택 소재지 시·군·구청에 임대조건 신고	

※취득세는 신규 분양 주택에 한함

사업자가 쉬운 일이 아니라는 것이다. 이 대표 역시 21채까지 집을 늘렸다가 더 이상 하지 않은 이유는 임대업이 너무 힘들기 때문이다. 자식 많으면 바람 잘 날 없다고 각 집마다 한 명씩 세입자가 불만을 털어놓으면 집주인은 그 이야기를 다 들어야 한다. 세입자가 나갈 때 체크해주고 주택 시설 중 일부가 고장나면 고쳐야 하는 등 고생이 이만저만이 아니다. 이 대표는 "임대사업은 근로소득"이라며 웃음 짓는다. 하지만 그는 "100세 시대가 다가온 만큼 노후준비를 위해서라도 부동산 경매를 이용하는 게 중요하다"고 강조한다. 또 "부부가 함께 하는 걸 추천한다. 남편과 함께 물건 보러 다니면 데이트하는 기분이다. 함께 공동소유하고 같은 취미 생활을 가지는 셈이니 재미 또한 쏠쏠하다"고 말한다.

일단 경매에 대한 선입견부터 깨자. 이현정 대표가 늘 강조하는 말이다. 경매 법률용어의 경우 한 번도 못 들어본 이상한 단어가 많아 어려워하는 이들이 많다. 하지만 이 대표는 본인이 직적 경매를 해보니 경매 물건 하나에 그 모든 어려운 단어가 다 들어 있진 않다는 것이다. 한 물건에 몇 개의 어려운 단어가 있지만 거기서 모르는 단어 정도는 인터넷 검색을 통해 충분히 찾아볼 수 있는 수준이라는 설명이다.

단 자신의 자산 대부분을 쏟아 부어 하지는 말라는 충고다. "2017년 안에 꼭 낙찰 받을 거다. 전세금 빼서 그 돈으로 할 거다"라는 식이면 솔직히 오래 경매를 할 수 없다. 경매 1~2건을 통해 한몫 잡는 것이 쉽지 않은 만큼 꾸준히 해나가야 하는데, 그러려면 편안한 마음으로 여윳돈을 이용해 하라는 뜻이다. 또 돈이 없어도 경매를 할 수 있다고 했지만 최소한 경매금액의 20~30% 정도는 여윳돈을 마련할 수 있어야 한다고 설명한다.

그럼 이 대표가 설명하는 본격적인 경매 단계를 살펴보자. 일단 경매는 누군가 빚진 사람이 자기 빚을 못 갚아서 집을 내놓는 것이다. 법원에서 채권자가 '당신의 돈을 받아야 하니까 집이라도 내놓으라'고 하는 것이고 투자자들은 이를 싸게 매입하는 것으로 생각하면 쉽다.

크게 6단계를 살펴보면 된다. 먼저 자신이 경매를 통해 얻는 목표를 설정해야 한다. 왜 내가 경매를 하려고 하는가를 따져보라는 것이다. 예를 들어 내 집 마련이 목표라면 아이들이 뛰어 놀 공간, 학교, 유치원을 고려해야 하고, 직장인이라면 출퇴근 시간을 따져봐야 한다. 이 대표는 "내 집 마련하고자 하는 사람들은 당연히 따져볼 게 많다보니 최소 6개월 이상은 내가 원하는 지역에 어떤 물건이 나오는가 꾸준히 살펴봐야 한다"고 충고한다. 경매라는 것은 백화점이 아니다 보니 고객들의 입맛에 맞게 A~Z까지의 사양을 갖춘 물건이 나오기 쉽지 않다. 그때그때 나오는 물건이 다르니 꾹 참고 오랜 기간 물건을 기다리라는 뜻이다. 그는 "내 집 마련을 하고자 하는 사람이라면 경매만 보면 안 되고 매매시장에서 '급매'로 나오는 물건까지 살펴봐야 한다. 급매 물건의 경우 경매 물건과 가격이 비슷할 수도 있어 굳이 경매를 고집할 필요가 없다"고 말한다.

시세차익을 노린다면 '앞으로 호재가 있는 곳, 도로망 넓어지는 곳' 등을 따진 다음 나온 물건들 중에서 조금 좋은 층, 조금 좋은 입지 등을 고르면 된다는 설명이다.

일단 목표를 확실히 하면 경매 물건 검색에 들어간다. 이 대표는 "대법원에서 물건 가격 검색하는 곳이 있는데 불편하다. 그래서 저희 경매하는 사람들은 스피드옥션, 지지옥션 등 경매사이트에서 돈을 내고 검색한다. 마치 쇼핑하듯이 일단은 막 담아 놓는다"고 밝혔다.

| 부동산 경매로 내 집 마련 꿈을 이룬 이현정 즐거운컴퍼니 대표

예를 들어 수도권에 있는 2억 원 미만 아파트를 검색하니 150개가 나왔다고 하자. 괜찮은 것들을 장바구니에 '관심물건'으로 일단 등록한다. 가끔 50만 원 짜리 옷을 5만 원, 10만 원에 팔 때 일단 장바구니에 담는 것과 같은 이치다. 검색 했을 때 관심물건에 등록해 놓지 않으면 나중에는 쉽게 찾을 수 없는 물건이 된다.

다음으로 경매 물건인 만큼 권리를 분석해 봐야 한다. 말소기준권리 확인, 임차인 권리를 확인하는 형식이다. 말소기준권리(부동산이 낙찰될 경우 해당 부동산에 존재하던 권리가 소멸하는지, 아니면 그대로 남아 낙찰자에게 인수되는지를 가늠하게 해주는 기준이 되는 권리) 확인은 그렇게 어려운 게 아니라고 설명한다. 이왕 경매에 뛰어들었으면 한두 달 정도 책을 통해 공부를 하라고 이 대표는 말한다. 그는 "우리나라는 임차인의 권리가 센 만큼 이들의 권리도 꼼꼼히 살펴야 한다"고 설명한다.

현장 답사 시 현재 점유자 상태 꼼꼼히 살펴야

이후 현장 답사는 반드시 해야 한다. 인터넷 검색을 통해 아파트에 대한 자세한 내용들이 나오긴 하지만 현장은 꼭 가야 한다는 게 이 대표의 지론이다. 내가 조사한 내용과 다를 수 있고, 한두 달 사이에도 부동산 가격이 출렁일 수 있기 때문이다. 입찰가를 얼마나 쓸지 입찰 직전에 주변 시세를 꼭 확인할 필요가 있다.

현장 답사에 가서는 모든 걸 메모한다. 돌아서면 잊어버리는 게 대다수인 만큼 이 대표는 철저한 메모습관을 길렀다. 특히 점유자의 상태를 확인해야 한다. 가령 너무 연로하거나 몸져누워 있거나 장애가 있거나 아예 거동 못 하는 사람들도 있다. 아니면 어린 아이만 있는 집일 수도 있다. 그런 집은 낙찰 받으면 낙찰자가 그 사람들을 이주시켜야 한다. 하지만 실제 이를 시행하기는 쉽지 않다. 강제 집행? 법원에서도 그런 이들은 강제집행하지 못한다.

이 대표는 "나는 솔직히 그런 곳 피한다. 등기부 등본 딱 봤는데 아버지 돌아가시고 미성년자 아이들 3명 있는 집이라고 하자. 만약 누가 데려가지 않는다면 낙찰자가 직접 고아원에 데려가야 한다. 어떻게 할 수 있겠나. 경매당한 집은 다 사연이 있다. 복잡한 사연이 있는 집은 안 받는 게 좋다. 점유자의 상태를 꼭 확인해라. 문제가 있으면 주위 분들이 다 아니 잘 물어보라"고 말했다.

사진과 다른 집들도 굉장히 많다. 사진 찍은 시기와 현재의 상태가 다를 수 있기 때문이다. 이 때문에 더더욱 현장 답사는 필수다.

이 같은 작업들이 다 끝나면 법원에 입찰을 가보자. 처음 법원에 갈 땐 부담감을 가지기 쉽지만 경매 법정은 아무나 갈 수 있는 곳이니 두려워 할 필요가 없다. 경매가 진행 되는 시간 등을 확인하고 아무 때나 가보길 권한다. 경매 현장에서 사람들이 하는 것을 지켜보는 것만으로도 공부가 된다.

경매로 낙찰을 받았다면 이제는 잔금을 납부하면 된다. 내가 보증금 얼마를 마련하고 대출을 얼마나 할 건지는 처음부터 준비가 돼 있어야 한다. 내가 대출을 받을 경우 어느 정도 금액이 가능할지도 당연히 먼저 체크해야 한다.

최종적으로 명도 단계가 있다. 이미 살고 있는 점유자를 나가라고 하는 것인데 만만치가 않다. 이 대표는 "돈과 시간을 잘 계산해야 한다. 명도하는 데 3개월 걸린다고 생각해보자. 매달 내 돈으로 대출이자 내야 하는 경우가 생긴다. 만약 기존 점유자들이 정말 안 나간다면 법적인 해결책도 고려해야 할 정도로 쉽지 않은 일이다"고 말했다.

Seoul
Money
Show

PART. 2

사상 최고 행진에
주목 받는 주식 시장

사상 최고치 돌파한 코스피,
추가 상승 여력 '충분'

한국 증시 역사가 새로 쓰이고 있다. 2017년 5월 4일 코스피가 6년 만에 종가 기준 사상 최고치를 갈아치운 이후 주식 시장에 대한 투자자들의 관심이 쏠리고 있다. 대선 전후로 보인 코스피의 새로운 행보에 '과연 지금 투자를 해도 괜찮은가'에 대한 불안감은 오히려 커져가고 있다. 지난 수년간 코스피가 박스권에 갇혀 있었던 탓에 지금의 주가가 정말 정상적인 것인가, 만약 더 오른다면 얼마나 더 오를 수 있는가, 한국 경제가 과연 지금의 주가 이상을 받쳐줄 만한 기초체력이 되는가 등에 대한 의구심이 크기 때문이다. 물론 증권사들의 전망은 황금빛 일색이다. 코스피 3000 이야기가 어렵지 않게 나온다. 하지만 항상 주식 시장에서 외국인과 기관들에 밀려 뒷북만 쳐왔던 개인 투자자들 입장에서는 쉽게 매수 주문이 나가지 않는다.

2017 서울머니쇼에서는 이 같은 투자자들의 어려움을 덜어주고자 '새 정부 출범 이후 주목할 종목 고르기'라는 주제로 매일경제 증권부 차장이 직접 사회를 보는 세미나를 준비했다. 실제 매매 현장에서 벌어지는 분위기를 느끼기 위해 증권사 연구원이 아닌 국내 최고수 펀드매니저들을 초청해 향후 전망에 대해 들어봤다. 국내 주식 시장에서 수십 년 동안 주식 운용을 해온 민수아 삼성액티브자산운용 밸류주식운용본부장, 박현준 한국투자신탁운용 코어운용본부장, 원종준 라임자산운용 대표 등이 자리를 함께해 의견을 나눴다.

일단 이들은 향후 코스피가 더 상승할 수 있을 것에 기대를 거는 모습이다. 민수아 본부장은 "주식 시장 전망이 쉽지 않다"면서도 한국 기업의 이익이 늘어나고 있는 만큼 추가 상승을 기대할 수 있다는 의견이다. 그는 "우리나라 기업이익이 2016년 대비 30% 이상 좋아질 것으로 예상된다. 2017년은 시간이 지날수록 전망치가 상향 조정되고 있다. 이는 5년 만에 처음 있는 일이다. 최근 주가가 많이 올랐다 해도 10% 정도 오른 수준이다"라고 말했다. 기업 이익이 늘어나는 만큼 아직 주가는 올라가지 않았다는 뜻이다.

주가 하락 걱정은 안 해도 된다고 강조한다. 민 본부장은 "2016년부터 주식은 기업들이 사고 있다. 자사주 매입이 많은데 기업들 스스로 자기네 주가 싸다고 느껴서 꾸준히 사고 있다. 2016년 하반기부터는 외국

| 코스피 상승을 전망하는 민수아 삼성액티브자산운용 밸류주식운용본부장

인도 산다. 그런데 내국인 개인 투자자들은 팔고 있다. 우리 내부적인 판단으로는 주식 변동성이 크고 코스피가 박스권에 갇혀 있는 데 익숙한 투자자들이 주가가 오르면 파는 것 같다"고 최근 분위기를 설명했다. 2017년 내내 주가 강세장을 예상하는 상황에서 국내 투자자들은 그 수혜를 못 받아 안타까움을 느낀다고 한다.

만약 코스피가 떨어진다고 해도 얼마나 떨어지겠는가. 시장 주가수익비율(PER, 주가를 주당순이익으로 나눈 값으로 낮을수록 저평가됐다는 의미)과 주가순자산비율(PBR, 주가를 순자산 가치로 나눈 값으로 1 이하면 주가가 자산 가치에도 못 미칠 정도로 저평가 의미)이 사상최저치를 기록할 정도로 한국 주식 시장의 주가 수준이 낮은 상황에서 그리 큰 낙폭은 없을 것이라는 생각이다. 반대로 그만큼 위험 대비 수익이 훨씬 큰 시장이라는 것이다.

박현준 본부장도 생각은 비슷하다. 그는 "우리 주식 시장의 분위기가 좋다. 사상 최대치도 돌파했다. '주가가 더이상 오르지 않을 것이다'라고 보는 사람들이 많은데 그렇지 않을 것 같다. 짧게는 2010년 이후 6~7년 정도 우리 시장이 박스권에 갇혀 있다 보니 그동안 투자자들에게 주가 학습 효과가 있었기 때문에 이런 생각을 하는 것 같다"고 말했다. 코스피가 10% 오르면 다시 빠지고 좀 오르면 빠지고를 반복하다보니 그 패턴에 대한 막연한 믿음이 강해졌다는 이야기다.

상황이 이렇다 보니 시장 전문가들이 느끼기에는 시장 분위기가 좋은데 개인 투자자들은 자꾸 판다. 박현준 본부장은 "지금 어떻게 해야 하냐 묻는 사람이 많은데 지금은 강세장으로 가는 초입이라고 보고 있다. 적극적으로 투자하는 게 맞다고 본다"고 강조했다.

일반적으로 소위 '상투 잡는다(고점에서 매수하는 것)'면서 매수 이후에 단기적으로 급격히 하락하는 것을 우려하는 이들이 많다. 하지만 지금은 상승 초기 국면이기 때문에 매수를 하지 않으면 오히려 투자 기회를 놓치게 되고 상승 기조를 타게 되면 매수하기가 더 어렵게 된다는 게 박 본부장의 생각이다.

최근 주식 시장을 보더라도 아직까지 '묻지마 투자'가 일어나는 등의 과열 조짐은 없다. 과거 경험상 급격한 하락은 이 같은 과열이 붕괴되는 과정에서 오지만 아직 그럴 단계는 아니라는 것이다. 그는 "코스피가 박스권을 이제 막 뚫었기 때문에 바닥에서 보면 지금부터 오르는 상황이다. 주가가 싸고 기대감이 낮은 구간에선 그만큼 투자 위험도 낮다. 적극적으로 주식 투자하길 권한다”고 말했다.

박 본부장은 개별 주식에 투자할 때도 장기간 바닥을 다지고 횡보하다가 이제 막 고점을 돌파한 주식을 좋아한다. 에너지가 응축돼 있다가 강하게 뚫으면 상승 탄력이 좋은 게 많다는 의미다. 그동안 상승 저항선으로 작용하던 매물대가 오히려 하락 지지선이 되고 어디까지 오를지 모르는 상황이라 고점을 막 돌파한 주식들은 계속 오른다고 설명한다. 시장 참여자들 모두 이 같은 주식을 주도주로 여기고 선호하기도 한다. 박 본부장이 보기에 지금 코스피가 딱 그런 상황이다. 10년간 못 뚫던 벽을 뚫고 올라가는 형국이다. 이제 글로벌 금융위기 이후 경기가 살아났고 기업들의 실적은 물론 여러 환경이 좋은 상황이라 주식에 관심을 가질 때라는 것이다.

원종준 대표는 최근 주식 관련 설명회를 갈 때마다 “2017년 코스피가 고점을 못 넘으면 내가 그만두겠다”고 할 정도로 상승장에 대한 믿음이 강하다. 그는 “지수가 2300이다 보니 사람들이 처음 보는 숫자여서 그런지 부담스러워 한다. 개별기업 주가나 시장 주가가 비싸다 비싸지 않다를 비교할 때 PER(주가수익비율)을 보는데 이게 아직 10배 밖에 안 된다. 코스피가 2500이 되어도 11배 수준이다. 일본 최대증권사인 노무라증권이 코스피 목표 지수를 3000포인트로 제시했다. 이는 주가수익비율로 봤을 때 14배 정도 되는 것이다”고 설명했다.

지금 대만 주식 시장의 PER이 14배 정도인 상황에서 우리가 그 정도

가치를 인정받지 못할 이유가 없다는 말이다. 사실 역사적으로 대만시장이 우리보다 고평가 받은 이유는 배당을 많이 주기 때문이었다. 하지만 최근 한국 시장 대표주식인 삼성전자가 자사주를 매입하고 배당을 늘리겠다고 하는 등 시장 전체적으로 배당을 늘리는 분위기라 큰 부담이 되지 않는 상황이라고 원 대표는 설명한다. 결국 코스피지수가 3000까지 간다고 해도 놀랄 수준이 아니며, 지금 2300은 더더욱 부담되지 않는 상황이라는 것이다. 특히 주가는 처음 변화가 나타날 때 주목해야 하는데, 지금이 바로 그 시기라고 원 대표는 강조한다.

하지만 2017년 들어 외국인은 국내 주식 시장에서 7조 원 가까이 사들인 반면 국내 투자자는 6조 원 이상 매도하는 등 상승장에서 그 수익의 과실을 따먹지 못하고 있다. 코스피가 사상 최대치를 기록하는 상황에서 외국인과 개인이 거꾸로 투자하는 이 같은 패턴은 도대체 언제까지 계속될까.

박현준 본부장은 "외국인은 2016년에도 많이 샀지만 2016년 내내 산 것보다 2017년 현재 더 많이 사고 있다. 외국인의 매수강도가 높다. 이들도 경제 상황과 기업 실적을 보고 투자하고 있다. 본격적으로 기업 실적이 좋아진 것은 2016년부터이고 2017년 급격히 좋아지고 있으며 향후 전망도 좋은 상황이라 이 같은 실적 개선에 발맞춰 한국 주식을 선호하고 있는 것이다"라고 분위기를 설명했다.

그는 이어 "지금 외국인들이 한국 주식을 사는 것은 수익을 노리고 들어오는 거다. 충분히 더 오를 여지 있다고 보고 들어오는 거다. 2016

년 미국의 트럼프 정부 출범 전후로 달러 강세가 지속되는 것 아닌가에 대한 우려가 있었다. 당시에는 한국과 같은 이머징시장에 들어오기 전에 투자시기를 저울질하는 분위기가 있었다. 하지만 트럼프 정부가 출범하고 나서 일방적인 달러 강세는 없다고 말했고, 이에 따라 환율 리스크가 줄었다. 또 기업실적 역시 좋아졌으며, 문재인 정부 출범 이후 경기 부양 기대 효과 등 한국 시장이 매력 있는 시장인 상황에서 가격까지 싸다 보니 계속 외국인들이 매수를 하는 것이다"고 말했다. 박 본부장은 기업들의 실적 개선세가 전 세계 국가들 가운데서도 한국이 두드러지는 상황이라 외국인들의 선호현상은 당분간 계속 이어질 것으로 봤다. 국내 투자자들이 상승 초기에 참여해 많은 수익을 내길 바란다는 말도 덧붙였다.

펀드매니저들이 투자자에게 농담 삼아 하는 말이 있다. 펀드매니저는 원래 주식 전문가이니까 쌀 때 사고 비쌀 때 팔아야 하는데 쌀 때 팔고 비쌀 때 사는 경향이 있다는 것이다. 이유는 주식이 좀 오르면 펀드 환매가 쏟아지기 때문이다. 불안해서 투자자들이 매도에 나서다 보니 펀드 환매 대금을 내줘야 하는 펀드 매니저들도 자금 마련을 위해 울며 겨자 먹기 식으로 주식을 매도하게 된다. 민수아 본부장은 이 같은 현실에 안타까워하면서도 지금은 이 같은 행위가 반복되지 않기를 바랐다.

그는 "2017년 1분기 동안만 외국인이 6조 원가량 사고 개인은 6조 원 정도 팔았다. 2016년에도 개인이 8조 6,000억 원 정도 팔았다. 그것도 엄청나다고 생각했는데 1분기 만에 6조 원어치나 팔았다. 우리 입장에서 보면 굉장히 안타깝다. 펀드 환매가 들어오면 어쩔 수 없이 주식을 팔아야 하는데 솔직히 펀드매니저들 간에는 팔 주식이 없다고 말한다. 대형주든 중소형주든 반도체든 유통이든 팔 주식이 없다고 하는데 팔아야 한다. 환매가 들어오니까 그렇다. 참 안타까운 일이다"고 털어놨다.

그는 이어 "외국인은 왜 산다고 생각하는가. 단순하다. 한국 기업들의 주가가 싸고 이익이 좋으니까 산다. 최근 글로벌 경기가 상승 사이클로 돌아섰다. 짧게는 7~8년 길게는 10년 갈 것으로 보인다. 한국 시장은 대형주 중 70~80%가 경기 민감주다. 글로벌 경기 회복으로 수혜를 입는 회사가 많다는 뜻이다. 그래서 외국인들이 많이 사는 것"이라고 최근 상승 이유를 설명했다. 결국 단기적인 이유가 아니고 글로벌 경기 사이클의 회복에 따른 상승인 만큼 현재 주식을 팔 때가 아니라는 것과 일맥상통한다.

원종준 대표는 실제 경험담을 전했다. 최근 미국의 한 기관이 인터뷰를 왔는데 한국 주식이 너무 싸다고 말을 하더라는 것이다. 그는 "2016년 하반기부터 대형주 중심으로 실적이 좋다 보니 외국인들이 관심을 많이 갖는 것이다. 외국인은 가치 투자자에 가깝다고 보면 된다"고 설명했다. 기업이익이 증가하면 그냥 주식을 산다고 보면 된다.

삼성전자는 지금 주가가 많이 올라서 시총이 300조 원 정도 된다. 하지만 2017년 삼성전자의 영업이익은 50조 원가량일 것이라는 전망들이 나오는 것을 감안하면 과연 이렇게 싼 기업이 전 세계적으로 있나 싶다고 원 대표는 생각한다. 이 때문에 삼성전자 주가가 200만 원 넘어서 새

| 한국 시장에 긍정적인 외국인들의 시각을 전하는 원종준 라임자산운용 대표

로 산 외국인도 있다고 전한다. 말 그대로 외국인들은 그냥 기본에 충실해서 싼 주식을 사고 있는 것으로 보면 된다. 한국 기업이익 증가세가 둔화되는 시점이 언제 올지는 모르겠지만 그 시점이 되어야 외국인 매수세는 둔화될 것으로 원 대표는 보고 있다.

문재인 정부의 기업지배구조 개선은 증시에 긍정적

문재인 시대 주식 시장은 어떻게 될까. 특히 문 대통령은 기업지배구조 개혁 의지가 강해서 이것에 대한 외국인의 기대감이 큰 상황이라 이또한 코스피 추가 상승에 도움을 줄 것이라는 데 전문가들의 의견은 일치했다.

원종준 대표는 "당연히 증시에 긍정적인 효과를 줄 것이다. 스튜어드십 코드(연기금과 자산운용사 등 주요 기관투자가들이 자율적으로 의결권 행사를 하도록 하는 것) 제도가 본격화되고 지배구조가 개선되면 주식 시장에 호재일 수밖에 없다. 특히 외국인 투자자 입장에서 보더라도 기업 지배구조 개선은 코리아 디스카운트 해소의 결정적 역할로 볼 것이다. 기대감이 크다"고 분석했다.

민수아 본부장 역시 "그동안 한국은 알게 모르게 디스카운트가 많았다. 하지만 이 같은 주주친화정책이 많이 나오면 긍정적인 요소로 작용할 수밖에 없다. 쉽게 말해 대주주가 아닌 소액주주까지 위하는 친화정책을 편다는 이야기인데 기업지배구조가 개혁되면 그동안 대주주가 감추었던 자산을 활용해 영업이익을 더 늘릴 수 있을 것이다. 그러면 당연히 기업의 가치가 올라갈 거고 증시에 좋은 요소가 될 것"이라고 말했다.

지금의 주식 시장은 삼성전자를 비롯한 대형주들이 주도하고 있다. 이 때문에 중소형주도 상승 혜택을 볼 수 있을지에 대한 투자자들의 궁금증이 많다. 이에 대해 민수아 본부장은 "우리나라에서 시가총액 상위 100위 내 대형주들은 소재·산업재 등 경기에 민감한 기업들이 많다. 특히 수출주가 많아서 글로벌 경기가 좋아야 우리 주식도 좋다. 따라서 최근 글로벌 경기가 좋아지면서 대형주 먼저 오르는 게 당연하다. 대형주와 중소형주를 나눠 이분법적으로 생각할 필요는 없다"고 말한다.

민 본부장은 최근 10년째 중소형주에 많이 투자하고 있다. 그가 보

| 대형주에 주목하라는 박현준 한국투자신탁운용 코어운용본부장

기에 중소형주는 2009년부터 2015년까지 300% 가까이 올랐다. 연평균 15% 이상 오른 셈이다. 그러다 보니 상대적으로 중소형주들의 가격이 비싸져서 최근 수혜를 못 보고 있다는 이야기다.

박현준 본부장이 보기에 한국 주식 시장은 2011년 자동차·화학 등 대형주가 고점을 찍었고 그때 중소형주는 철저히 소외됐다. 이후 중소형주가 강하게 올라오면서 2015년에 높은 시세를 냈다. 민 본부장과 마찬가지로 가격 부담 때문에 최근 다시 소외를 받고 있다는 뜻이다. 그는 "이제는 중소형주에 대한 가격 부담이 어느 정도 해소됐다. 이미 조정을 받았다. 하지만 아직까지 대형주에 투자하라 하고 싶다. 아직은 중소형주가 소외될 가능성 있다고 본다. 조정 폭과 기간도 부족하다는 느낌이다. 대형주 위주로 오르고 있고, 외국인이 대형주를 사다 보니 중소형주보다는 당분간 주목을 더 받을 것이다"라고 말했다. 주가 수준으로 봤을 때도 대형주들의 PER은 10배 정도로 코스닥시장보다 싼 편이다. 아직 1~2년은 대형주 장세가 유력하고. 중소형주는 선별적으로 투자할 필요가 있다는 견해를 보였다.

그동안 중소형주 장세였는데 이건 어디까지나 대형주가 박스권에서 더 못 오른다는 대전제가 있었기 때문이라는 분석도 했다. 그 믿음 때문에 오히려 중소형주들이 빛을 봤다는 게 박 본부장 설명이다. 하지만 지금은 실적이나 수요 측면에서 대형주가 먼저 오른 이후 중소형주를 봐야 할 타이밍이라 생각하고 있다.

원종준 대표 역시 중소형주보다는 대형주에 조금 무게를 더 두고 있다. 글로벌 경기 상승으로 대형 경기민감주들이 오르고 난 다음에 시차를 두고 주변 효과가 생길 것이라는 뜻이다. 대형주들이 많이 오르긴 했지만 기업 이익 추정치 또한 많이 오르고 있어서 긍정적으로 보고 있다. 원 대표는 대형주 중에서는 IT, 은행·증권, 항공, 건설 등을 눈여겨 볼 필요가 있고 중소형주는 IT 위주로 지켜보라고 충고한다.

그나마 중소형주 펀드를 운용하고 있는 민수아 본부장은 중소형주 투자에 좀 더 적극적인 입장이다. 민 본부장은 "중소형주를 팔고 대형주 사는 것은 2016년 이야기다. 중소형주에도 좋은 회사들이 많이 있다. 연말 수익률을 보면 중소형주가 대형주보다 떨어지지 않을 것으로 본다. 많은 사람들이 경기민감주가 좋다고 말하는데 내 생각은 좀 다르다. 중소형주는 30%씩 쉽게 올라가는 주식들이 많아서 연말까지 보면 적극적으로 추천한다"고 말했다.

과거 몇 년간 국내 주식 시장이 박스권에서 벗어나지를 못하다 보니 많은 전문가들이 해외 주식 직접투자를 권했다. 하지만 이번 서울머니쇼에 참가한 주식 고수들은 이제는 해외가 아닌 국내에 더 집중할 때라는 의견들이다.

원종준 대표는 "2016년까지는 한국기업들의 이익 증가세도 뚜렷하지 않고 박스권에 갇힌 증시도 재미없어서 국내 증시보다 해외 주식 추천을 많이 했다. 하지만 2017년은 바뀌었다. 한국 시장이 해외에 비해 좋은 상황에서 지금 굳이 해외 주식에 직접 투자할 필요는 없다. 한국 주식 시장 투자에 올인해야 할 때라고 본다. 해외에 투자하려고 하면 세금이슈나 환율 변동 위험 등을 고려해야 한다. 이게 은근히 비용 나가는 게 많다. 그런 것까지 감안하면 지금처럼 국내 주식 시장이 좋을 때는 국내에 투자하는 게 맞다"고 말했다.

민수아 본부장은 해외 주식 투자는 앞으로 당연히 관심 가지고 해야 할 시장으로 보고 있다. 하지만 2017년은 아니라는 생각이다. 그는 "글로벌 시장에서 기업들의 영업이익 증가율이 30%가 넘는데 PER이 10배 안 되는 시장은 별로 없다. 미국 시장도 긍정적이라고 하지만 PER은 20배 가까이 된다. 그래서 고점논의도 많은 상황이다. 한마디로 우리나라보다 경기가 좋은 곳은 너무 비싸고, 그렇다고 우리나라보다 기업들의 영업이익 증가율이 높은 곳도 별로 없다는 뜻이다. 또 주식으로 돈을 벌었을 때 그 차익에 대해 세금 안 내는 건 국내 주식뿐이다. 이게 언제까지 이어질지 모른다. 국내 주식에도 양도소득세 등이 붙을 것이라는 점을 감안하면 지금 기업들의 영업이익이 좋고 비과세 혜택 등이 있는 국내 주식 시장에 투자하는 게 맞다"고 설명했다.

박현준 본부장은 "최근 몇 년 국내 주식이 안 좋으니까 해외로 가자는 얘기가 많았다. 하지만 전체적인 자산배분 관점에서 봐야 한다. 국내 주식 시장이 싫다고 무조건 해외에 가지 말고 적절히 배분한다고 생각해야 한다. 외국인들이 지금 국내 주식에 투자를 많이 하고 있는 것은 그만큼 국내 주식이 매력 있다는 것을 의미한다. 우리 시장에 지나치게 위축되거나 편견을 가질 필요 없이 투자하면 된다"고 강조했다.

가치 주식의 **귀환**

특별한 감이 없으면 가치 투자해야

국내 주식에 투자 좀 한다는 사람이라면 한국밸류자산운용의 이채원 부사장을 모르는 사람은 없을 것이다. 2006년 4월 '한국밸류10년투자'라는 가치주 펀드를 만들어 10년 이후 빛을 볼 가치주들에 미리 투자하는 철학을 실천한 사람으로, 국내 가치주 투자의 대가로 통한다. 펀드를 만들 때부터 '10년간 투자할 고객을 찾습니다' 광고로 투자자들을 모집했다. 자신과 스타일이 비슷한 사람 아니면 자신의 펀드에 투자하지 말라는 것이다. 고집이자 자신감이고 고객에 대한 사랑이라는 평가가 주식시장에서는 쏟아졌다.

그는 단기간의 주가에 일희일비하지 않는다. 주가가 한참 급등락했던 2007~2008년 글로벌 금융위기 당시에도 그는 묵묵히 자신이 선호하는 가치주에 투자할 뿐이었다. 주식을 너무나 사랑한 나머지 취재를 하는 기자와 밥 먹다가도 좋은 주식을 사야 할 때가 되면 달려 나가서 주식을 사는 사람이다. 이런 꾸준함 때문에 한국밸류10년투자 펀드는 설정 이후 10년이 지난 2016년 4월 160% 정도의 수익률로 비슷한 펀드들 중 최고의 성적을 냈다.

이런 그에게 최근 최고점을 돌파한 코스피에서 뜰 만한 종목을 찍어 달라는 거 자체가 실례였다. 상황이 어떻든지 그는 '싼 주식을 사고 비싼 주식을 파는' 가치 투자를 할 뿐이다. 이런 주식 투자 방식이 맘에 들지 않는 독자들이라면 과감히 이 부사장의 이야기는 듣지 말라고 하고 싶다. 하지만 오랜 시간 주식 시장을 취재해 왔던 기자조차 이 부사장 같은 사람을 이기는 주식 펀드매니저를 별로 본 적이 없다.

머니쇼에서 '가치주의 귀환'이라는 주제로 강연에 나선 이 부사장은 우선 흥분된 사람들의 마음을 가라앉혔다. 그는 "코스피가 6년 만에 역사상 최고치다. 하지만 주식 시장에 대한 사람들의 관심은 그만큼 뜨겁지 않다. 코스피는 크게 올랐는데 내가 갖고 있는 주식은 별로 안 오른 것 같다. 사람들이 별로 행복해 보이지 않는다. 삼성전자나 특정 대형주만 오르고 중소형주는 크게 안 올랐기 때문이다"고 말했다. 그는 자신의 주식 투자 실패 경험을 먼저 털어 놓으며 투자자들이 주식 시장 앞에서 한없이 겸손해야 한다는 걸 보여주고자 했다.

| 가치투자의 중요성을 강조하는 이채원 한국투자밸류자산운용 부사장

　그는 지난 1988년 동원증권(현 한국투자증권)에 입사하면서 주식 시장
에 발을 들여놨다. 30년째 증권업에 종사하면서 그가 한 일은 하나다.
싸고 귀하고 소외된 자산을 찾아 투자하는 일만 반복했다는 것이다.

　아무리 싸도 귀하지 않으면 소용이 없다. 그는 "상평통보 아는가. 조선
시대 구리 동전으로 이게 엄청 오래된 거다. 그게 몇만 원 정도는 할 줄
알았는데 2,000~3,000원이면 사더라. 너무 많기 때문이다. 그게 몇 개
없으면 가격을 따질 수 없을 정도로 비싸질 것이다. 그래서 주식 역시 귀
하고 소외된 자산을 사야 한다. 좋은 회사인데 나만 알아야 한다. 소외
된 회사 중에 싼 것을 찾아야한다"고 말했다.

　이 부사장이 보기에 일반적인 투자전략은 대략 모멘텀 투자와 가치

투자로 나뉜다. 모멘텀 투자는 오를 주식 찾는 거다. 내일 오를 주식을 오늘 찾는 것이다. 경기가 좋아질 것 같으면 주식을 사고 아니면 팔면 된다. 이것은 예측에 따른 것이다. 따라서 감이 좋은 사람은 모멘텀 투자를 하라고 권한다.

하지만 그런 특별한 감이 없는 사람은 가치 투자를 해야 한다고 강조한다. 사실 일반 투자자들 중에 특별한 감을 가진 사람이 얼마나 되겠는가. 그만큼 일반인은 가치 투자를 해야 한다는 뜻으로 풀이된다.

이 부사장은 "가치 투자는 가격과 가치를 측정하는 것이다. 시장이 하락해도 비싸게 팔고 시장이 아주 좋아도 싸게 살 수 있는 전략이다. 누구에게나 완벽한 전략은 없다. 자기 몸에 맞는 옷을 찾듯이 자신의 투자스타일에 맞는 투자법을 찾으라"고 말한다. 또 투자를 하려는 자금이 지금 당장 써야 할 돈인지 10년 후 써도 되는지 여윳돈인지 등도 반드시 체크해야 할 사항이다.

이 부사장은 천성적으로 돈 잃는 것을 정말 싫어하는 보수적인 성격이다. 위험한 일을 별로 안 한다. 위험한 놀이기구도 안 타고 중요한 자료도 복사해서 3부로 나눌 정도다. 심지어 급여통장을 부인이 관리하는데, 용돈을 받으면 3군데로 나눠 담는다. 지갑, 바지 뒷주머니, 양복 안 주머니 등에 나눠 담는 식이다. 이럴 경우 하나를 잃어도 30%만 잃는 것이다. 나머지 자산 70%는 보전된다. 이 부사장은 "이게 가치 투자의 핵심"이라고 강조한다.

그는 "우리가 산 주식이 크게 손실 나거나 엄청 빅 히트치지는 않는다"고 말한다. 만약 어떤 주식을 샀는데 50% 손실이 나서 이를 회복하려면 이후 100% 수익이 나야 한다. 사실상 이런 일은 일어나기 힘들다. 이 같은 생각에 그는 손실이 나는 주식을 혐오한다.

그는 "가치 투자는 손해를 안 보는 게 가장 큰 원칙이다. 투자는 철저한 분석으로 원금의 안정성과 적당한 수익성이 보장되어야 한다. 그게 아니면 투기다. 이 정의는 지금도 변함없다"고 여러 차례 강조한다.

기업가치가 변하면 보유주식 팔아야

가치 투자를 할 때 기업의 내재가치가 변함없으면 절대 보유 주식을 안 판다. 하지만 기업 가치가 변하면 무조건 팔아야 한다는 지론이다. 일반적으로 '가치 투자는 무조건 장기 투자'라는 인식을 깰 필요가 있다는 것이다. 만약 기업 가치가 변하지 않았는데 주가가 떨어진다면? 당연히 싼 주식이기 때문에 팔면 안 되고 더 사야 하는 시점이라는 설명이다.

하지만 그도 과거 많은 실패를 했다. 1997년 동원투자신탁 매니저 활동 당시 그가 펀드 운용을 맡자마자 외환위기가 터졌다. 자신이 운영하는 펀드가 마이너스 40%를 찍었다. 같은 기간 코스피는 마이너스 60%가 됐다. 코스피 대비해서는 플러스 20%포인트였다. 회사에서는 잘했다고 보너스 600%를 줬다고 한다. 하지만 그는 '고객 입장선 원금이 40%나 깨진 것'이라며 엄청나게 반성하고 후회했다.

그때 그는 투자 대가로 알려진 벤저민 그레이엄의 책을 읽었다. 책 속의 투자원칙인 '돈 잃지 마라. 투자원칙을 지켜라. 어떤 상황에서도 돈을 잃지 않게 노력해야 한다. 정말 좋은 주식이라면 안 팔고 기다리면 오른다'라는 내용을 읽고 많은 것을 느꼈다.

그 때 그는 회사에 "코스피 보고 투자하지 말고, 가치 투자하는 펀드를 만들어보자"고 건의했다. 그게 받아들여져 당시 우리나라 최초 가치주 펀드를 만들었다. '동원 이채원가치주펀드'가 그것이다. 이 펀드는 9개월 만에 수익률이 두세 배 올라 난리가 났다. 당연히 투자자금이 엄청 들어왔다. 본인 이름이 〈매일경제신문〉에 매일 나왔단다. 인생 중 가장 화려했던 시절로 그는 이때를 꼽았다.

근데 몇 달 안 갔다. 1999년 말 유례없는 닷컴버블이 와서 가치주가 다 폭락하고 성장주만 올랐다. KT가 그때 19만 원이었다. 지금은 3만 원이다. 수많은 닷컴 기업들이 부도나서 없어지고, 본인이 운용하는 펀드의 가치주들은 다 떨어졌다. 코스피는 10% 플러스 수익률을 낼 때 이 부사장의 펀드는 마이너스를 기록했다.

당시 그는 롯데칠성 주식을 주당 10만 원에 매수했다. 당시 시가총액은 1,000억 원, 당기순익은 600억 원이었다. 그는 이걸 보고 세계에서 가장 싼 주식이라고 판단했다. 미친 듯이 샀다. 그는 자산 가치가 높은 주식을 무척 좋아했다. 서울 서초동에 있는 롯데칠성의 사이다 야적장만 1만 700평 정도 됐다. 여기엔 3,000억~4,000억 원의 가치가 있었다.

3~4년 있으면 오른다는 생각에 샀는데, 사자마자 9만 원으로 떨어졌다. 떨어지니까 '더 사야지' 하며 더 샀다. 펀드 환매가 쏟아지면서 돈이

나가야 하는 상황이 벌어졌다. 그럼에도 한국전력 주식을 팔아서 롯데칠성을 샀다. 이후 롯데칠성 주가는 8만 원으로 떨어졌다.

이 때가 되자 아무리 강심장인 그도 자신이 점점 없어졌다. 그래서 기업 탐방을 해봤는데 이익은 계속 늘고 있었기에 더 샀다. 그 다음주에 7만 원으로 떨어졌다. 내재가치 30만 원짜리로 판단했는데 7만 원으로 떨어지니까 진짜 자신이 없어졌다. 항의전화가 수백 통씩 왔다. 어떤 사람은 이 부사장의 자리가 몇 층인지 물어보더니 창문 열고 뛰어내리라고 했다고 한다.

당시 온몸에 병이 나고 힘들었다. 휴가를 23일이나 쓰고 집에서 수차례 고민했다. 회사에서 '그러지 말고 한국투자증권으로 와서 회사 자금으로 운영하라'고 해서 6년 정도 운영하면서 500% 수익을 냈다. 하지만 롯데칠성을 비롯해 이 같은 자산주들은 2001년이 되어서야 올랐다. 이 때 이 부사장은 '3개월 내릴 때는 어느 누구도 못 견딘다'라는 생각을 했다. 그래서 견딜 수 있는 펀드, 10년 투자 펀드를 만들 생각을 한 것이다.

롯데칠성 주식이 10만 원, 9만 원, 6만 원으로 떨어지는데 떨어지는 칼날을 잡는 게 엄청 힘든 일이었다. 더 떨어질까 겁나서 못 샀다. 역사적으로 바닥이었던 5만 5,000원일 때 결국 못 샀다고 그는 회고했다. 하지만 그게 바닥이었고 4년 만에 40배가 올랐다. 지금은 주당 180만 원을 오르내리는 주식이 됐다.

이 부사장은 "그만큼 주식은 바닥에서 사기 어렵다. 내던지고 싶을 때가 바닥이고, 미치도록 사고 싶을 때가 천정이다. 내 자신과의 싸움에서 이겨라. 감정을 이겨내야 한다. 주식은 머리로 하는 게 아니라 가슴으로 하는 것이다"라고 말한다.

상장사 이익이 늘면서 2017년 5월 현재 상장사들의 시가총액은 1,472 조 원이다. 2017년 상장사들의 이익 예상치는 120조 원 정도다. 그는 "상 장사 이익이 120조 나야 하는 게 100조만 나면 주가가 안 오른다. 틈틈 이 체크해라. 만약 2017년에 이익이 120조 되고 다음해도 안 줄어든다 고 판단이 되면 주식 투자에 뛰어들어야 한다고 보면 된다"고 말했다.

소외된 중소형 가치주 살펴라

수십 년 주식 시장을 봐온 그는 "주식 시장에는 사이클이 있다"고 설 명한다. 그가 보기에 4차 산업혁명이 오면서 지난 2014년과 2015년 2년 동안은 엄청난 성장주 장세였다. 아마존, 구글 등이 그랬고 2016년에도 비슷한 양상이었다. 지금 현재는 대형주 장세다. 대형주 중에서도 삼성 전자, 은행주 등이 계속 오르고 있다. 하지만 이 같은 대형주 장세는 마 무리되게 돼 있고 하반기에는 그동안 소외됐던 중소형 가치주에 관심을 가져볼 만하다는 게 이 부사장의 결론이다.

PBR(주가순자산비율) 0.5 이하, PER(주가수익비율) 10배 이하에 소외된 중소형 가치주식을 찾으라고 한다. 현금이 많고 지배구조가 괜찮은 것들 을 골라야 한다. 그가 보기에 수출 관련주들은 이미 많이 올랐으니 내수 시장에서 경쟁력이 있는 주식들을 찾을 필요가 있다.

새 정부 출범 이후
주목할 종목

4차 산업혁명 관련주에 주목하라

에셋플러스자산운용의 강방천 회장은 서울 여의도 증권가에서 '살아 있는 미다스의 손'으로 불린다. 외환위기 당시 불과 2년여 만에 종잣돈 1억 원을 156억 원으로 불렸고 이 돈으로 에셋플러스투자자문을 1999년 설립했다. 9년 뒤인 2008년 에셋플러스자산운용을 설립하면서는 펀드업계의 고질병인 소위 '판매사의 갑질'을 없애기 위해 노력했다. 쓸데없이 많은 판매수수료를 받는 판매사들의 횡포에 저항해 운용사인 에셋플러스가 직접 판매에 나선 것이다. 당시 운용사 입장에서는 수많은 판매망을 갖춘 은행·증권 등 판매사들의 눈치를 살필 수밖에 없었다. 그러나 그는 과감히 새로운 시장을 열었고 꿋꿋이 버티며 오늘날의 에셋플러스자산운용을 탄생시켰다.

그는 항상 남들보다 한발 앞서거나 다른 투자를 했다. 아파트 공급이 쏟아져 모두가 건설회사 주식을 살 때 도시가스회사 주식을 사고, 벤처 붐이 일어나 닷컴 주식이 오를 때 사무가구를 납품하는 회사 주식에 주목했다. 그만큼 남들이 보지 못한 주식을 건져내면서 대박을 일궈낸 사람이라고 할 수 있다.

서울머니쇼의 단골 인기 강연자이기도 한 강 회장은 매년 새로운 트렌드를 소개하면서 유망 주식들을 꼽는다. 이번 2017 서울머니쇼에서는 4차 산업혁명 관련 주식 투자를 화두로 들고 나왔다

그는 "비즈니스 모델이 좋은 기업이 있다고 하자. 하지만 모델이 좋아도 현 상황에 적응하지 못한 기업은 안 된다. 미래 트렌드에 맞는 기업을 찾아서 투자해야 성공할 수 있다. 에셋플러스자산운용에서는 인구구조의 변화, 중국의 소비방향성, 모바일 디지털 네트워크 관련 기업들에 주목하는 투자를 하고 있다"고 밝혔다.

강 회장은 "지금은 4차 산업혁명 시대이며 이 본질을 파악할 필요가 있다"고 강조한다. 숙박공유업체 에어비앤비를 보면 방이 200만 개를 넘었다. 차량 공유 서비스로 유명한 우버는 사우디국부펀드가 4조 원을 투자했다. 기존 사람들이 생각하지 못 하는 이상한 기업들이 생겼다는 것이다. 하지만 이것도 따지고 보면 전혀 새로운 것은 아니라는 설명이다. 그동안 활용되지 않는 유휴자원을 시장으로 연결해 소비자와 이어줌으

| 4차 산업혁명 관련주를 추천하는 강방천 에셋플러스자산운용 회장

로써 가치를 만들어낸 것이다.

이 같이 주변에 놓고 있는 것들을 이용하는 기업에 주목하라고 강 회장은 강조한다. 이런 것이 4차 산업이며 그런 기업의 주식과 관련 펀드에 투자를 해야 한다는 것이다.

강 회장은 "우리는 4차 산업혁명을 목격하고 있다. 모바일 디지털 네트워크에 주목해야 한다. 애플, 아마존, 구글과 같은 기업들이 땅, 사람, 돈만 있었나? 네 번째 생산요소인 모바일 디지털 네트워크를 이용한 것이다. 이를 빨리 알아야만 투자 방향성을 찾을 수 있다"고 설명했다.

그는 이어 많은 가치 투자자들이 의존하고 있는 PBR이나 재무재표 등은 참고할 만한 지표일 뿐 절대적인 것이 아니라는 말도 덧붙였다. 즉

41년 된 애플이 147년 된 엑손모빌을 이기다

• 2011년, 41년 된 애플이 147년 역사를 보유한 엑손모빌의 시가총액을 추월한 모습

엑손모빌 vs 애플 시가총액 데이터 추이

출처: 블룸버그
기간: 2007년 4월 11일~2017년 4월 11일

창조적인 파괴가 이뤄지는 기업들에 주목하라는 뜻이다.

강 회장은 "나는 '기업의 주가는 기업의 가치만이 결정한다'는 확고한 신념 속에서 투자한다. 따라서 미래를 해석해야 한다. 그 회사가 미래에 적응가능한지를 살펴보라. 한때 전 세계 필름시장을 장악했던 코닥은 왜 없어졌나? 그만큼 미래 가치가 중요하다. 또 주식을 10개 기업, 20개 기업에 투자한다고 해서 분산투자는 아니다. 속성이 같은 것끼리의 투자는 분산투자가 아니다"라고 설명했다.

강 회장은 "지금은 인터넷을 통해 정보를 습득하고 다른 사람의 해석과 관점을 습득하는 시대"라고 강조했다. 그만큼 모든 정보가 모바일 디지털 네트워크를 통해 이뤄지는 만큼 이런 기업들에 투자해야 한다는 것이다.

그는 "시대의 프레임이 바뀌는데 아직도 여전한 모습을 보이는 기업들에 대한 투자를 피해야 한다. 그런 의미에서 제조업은 위기에 빠졌다. 모든 산업은 융합되지 않으면 가치가 퇴색한다. 세상의 질서가 바뀔 때 세상에 저항하면서 변화하는 기업에 주목하라"고 말했다.

결국 그는 "현재 가격 매력이 높아진 주식 가운데 미래 환경을 선도하고 적응 가능한 기업들을 골라야 한다"고 말한다. 4차 산업혁명에 비즈니스 모델을 맞춘 혁신기업에 주목하고, 단순히 종목 수만 늘리는 분산투자에서 벗어나 서로 다른 산업 분야에서 투자대상을 다양화함으로써 투자 위험성을 줄여야 한다고 설명했다.

비용 적은 인터넷은행 주목

이 같은 관점에서 그는 인터넷은행을 주목한다. 강 회장은 "인터넷은행은 연간 비용이 최대 1,000억 원 정도밖에 안 든다. 이런 낮은 비용구조를 가진 새로운 은행이 기존 은행에 비해 경쟁력을 가질 수밖에 없다. 인터넷은행이 이자 0.2%포인트만 더 올려도 엄청난 돈이 몰릴 것이다. 노인 인구나 1인 가구 증가와 같은 인구구조의 구조적 변화를 주목해야 한다. 헬스케어 관련주가 올라갈 수밖에 없는 이유다. 또 중국의 경우 변수(사드)는 있지만 소비력은 여전히 크다. 2016년 중국 소비 관련주가 맥을 못 췄지만 다시 살아날 수 있다고 본다"고 말했다.

그렇다면 투자에 유의해야 될 주식은 어떤 것일까. 일단 그동안 많이 오른 주식을 따라 사지 않는 게 중요하다. 2008~2010년은 조선·철강·화학 업종의 이익이 증가하면서 이들의 가치에 투자하는 시기였다. 2011~2012년은 차·화·정(자동차·화학·정유) 업종의 가치, 2013~2015년은 중국 소비 관련주의 가치가 상승했다. 2016년 조선·철강은 가치 증가는 없지만 빠졌던 가격이 가치 대비 회복됐다. 이 같은 흐름을 타고 고점에서 매수했던 투자자들은 이후 손실이 컸다는 설명이다.

코스피 대장주인 삼성전자에 대한 관점도 신중하다. 그는 "삼성전자 주력 사업은 모바일, 반도체, 유기발광다이오드OLED 세 가지다. 긍정적으로 보는 사람들은 반도체와 OLED의 이익 지속성에 방점을 둔다. 나는 지속성이 많이 남지 않았다고 본다. 스마트폰에서 삼성이 주도한 핵심 경쟁력은 하드웨어 혁신이었다. 지금은 하드웨어 혁신이 거의 끝난 것 같다. 마진이 떨어질 수밖에 없다. 반도체도 마찬가지다. 삼성이 반도체 시장에서 앞서나가는 핵심은 미세공정 기술이다. 그런데 미세공정 기술 진화가 2018년 하반기엔 끝날 것 같다. 미세공정은 쉽게 말하면 전기가 지나는 통로를 좁히는 작업이다. 그런데 여기서 발열 문제가 발생한다. 미세공정 기술 진화가 부작용에 봉착하는 타이밍에 와 있다. 미세공정 기술 종말의 최대 피해자는 삼성전자가 될 수 있다"고 설명했다.

슈퍼개미에게 듣는
주식 투자 성공전략

주식은 농부처럼 투자해야

주식 시장에는 수많은 참가자가 있다. 소위 전문 투자자들이라고 하면 증권사나 은행에 근무하는 펀드매니저, 연기금의 주식운용역들을 생각하기 쉽지만 재야에 숨어 있는 개인 고수들도 셀 수 없이 많다. 실제 펀드매니저들은 많이 근무해봐야 10년을 좀 넘는 수준이지만 재야의 고수들은 30~40년 이상씩 장기 투자하면서 주식 시장을 봐 온 이들이기 때문에 이들의 실력을 결코 무시할 수 없다.

2017 서울머니쇼에서 '슈퍼개미에게 듣는 주식 투자 성공전략' 세미나의 강사로 나선 박영옥 스마트인컴 대표는 국내 주식 시장의 대표적인

재야 고수다.

전라북도 장수에서 태어나 중학교를 마치고 서울에 올라온 박 대표는 섬유가공 공장에서 일을 하고 시외버스터미널에서 신문을 팔면서 학비를 벌었다. 어렵게 학업을 이어가면서 중앙대 경영학과에 입학한 그는 대학교에 다니는 동안 증권분석사 시험에 합격하는 등 주식에 관심이 많았다. 대신증권, 국제투자자문 등에서 펀드매니저로 일하면서 주식의 흐름을 익힌 그는 교보증권으로 자리를 옮겼고 압구정 지점장으로 일하던 중 외환위기를 맞게 됐다. 이 때 폭락하는 주식 시장을 보면서 '주식은 차익을 남기기 위한 단순 매매가 아니라 농부와 같은 장기 투자의 개념으로 접근해야 한다'는 것을 깨닫게 됐다.

2000년대 들어 그는 경영 컨설팅과 전업 투자자로서의 삶을 시작하게 된다. 이후 그의 투자 철학을 담은 《주식, 농부처럼 투자하라》는 책을 출간했고, 여러 기업들의 주주총회에서 주주제안을 하면서 언론의 주목을 받게 됐다. 외환위기 당시 4,500만 원을 가지고 주식 투자를 시작해 지금은 1,000억 원이 넘는 주식을 가진 '주식 부자' 반열에 올랐다.

이 같은 화려한 경력을 가진 '주식 농부' 박 대표는 서울머니쇼 세미나 현장에서 먼저 한국 주식 시장의 문제점과 제대로 된 투자철학 등을 주로 이야기했다. 단순히 '어떤 기업의 주식이 오를 것이니 사라'는 말보다는 '돈이 돌고 일하게 해야 투자자들에게도 이익이 된다'고 생각했기 때문이다.

박영옥 대표는 "돈이 일하게 하기 위해서는 결국 좋은 기업을 찾아 투

| '슈퍼개미'로 유명한 박영옥 스마트인컴 대표는 '주식은 농부처럼 장기투자하라'고 강조한다

자를 해야 한다. 그러기 위해서는 우리가 살고 있는 자유시장 경제체제와 투자 대상인 기업의 존재, 그리고 시장의 틀을 이해하는 게 중요하다"고 말한다.

한국은 세계에서 가장 빠른 압축성장을 통해 산업화와 민주화를 이루며 성장해왔다. 교육열이 높고 교육수준도 높다. 근면함과 열정과 끼가 있는 민족이다. 특히 세계를 누비는 글로벌 기업들을 통해 우리나라의 지위도 많이 격상됐다. 하지만 박 대표는 "최근 저출산과 고령화가 계속되면서 부동산에 자산이 편중되고 고용률이 떨어지는 등 빛보다 그림자가 많은 사회로 한국이 변모했다"고 설명했다.

1997년 외환위기 이전에는 가계와 기업, 국가가 8%대로 고르게 성장했다. 하지만 그 이후 가계와 국가는 성장하지 못하고 기업만 성장하고 있다는 것이다. 결국 기업만 성장하면서 돈이 쌓이는데 우리는 기업의 주인이 되지 못하고 자산이 부동산에만 쌓여 있다. 부동산자산이 70% 이상이고 금융자산은 30%에 못 미친다.

반면 미국과 일본, 대만은 부동산과 금융자산 비중이 3대7로 우리와 정반대다. 우리와 산업구조가 비슷한 일본도 1990년대에는 6대4로 부동산 비중이 높았지만 부동산 시장이 침체하면서 이 구조가 바뀌었다고 박 대표는 설명한다.

박 대표는 그동안 꾸준히 증권시장을 통해 기업 성과를 공유하라고 강조했다. 돈만 벌기 위해 투자하기보다 모두가 함께 잘사는 사회를 꿈꾸면서 투자 성과를 나눠왔다.

"우리 자본시장을 보면서 가슴 아팠다. 우리나라 사람들은 왜 기업에 투자하지 못 할까 고민을 많이 했다"

박 대표가 주식 투자를 하면서 뼈저리게 느꼈던 생각이다. 우리나라 자본시장을 보면 상장기업수가 2,000개가 넘고 시가총액이 1,513조다. 기업들이 만들어낸 GDP(국내총생산)가 1,692조다. 하지만 이 같은 성과를 공유하지 못 하고 있다는 것이다. 외국인과 기업인이 상장사 주식을 65%나 가지고 있고 개인 투자자들은 20%밖에 안 되기 때문이다.

개인들은 코스닥의 부실한 기업들을 중심으로 투자해서 항상 주식에 투자하면 패가망신한다. 그러고는 "주식 투자해선 안 된다" 식의 이야기만 한다. 이러니 주식 투자를 하라고 권유하기가 어렵다. 그러다가 주가가 올라가면 또다시 주식 시장을 찾고 고점에서 투자해서 또 돈을 잃는 악순환이 계속 된다는 것이다.

배당금 역시 70%를 외국인과 기업인이 가져간다. 한국 글로벌 기업들의 주식 대부분을 외국인이 가지고 있다. 삼성전자 50%, 현대차 45%다. 이런 기업들은 외환위기 때 우리가 '금모으기 운동'까지 해가면서 일으켜 세운 기업들이지만 남 좋은 일만 시키고 있는 셈이다. 그래서 그는 일반 투자자들에게 "농사를 짓는 심정으로 알짜 기업들에 투자해서 장기적인 성과를 거두라"고 매번 권유를 한다.

관심 가는 기업 주식 2~3년간 매입

박 대표의 투자비법은 다음과 같다. 투자의 성공은 원칙이 결정하는 만큼 다음 원칙들을 잘 지켜보라고 충고한다.

일단 관심이 가는 기업은 일정 지분의 주식을 산다. 그 주식이 오르고 내려도 영향이 가지 않는 선에서 관찰한다. 실제 투자하다보면 그 기업의 상황을 알 수 있고 미래가 보인다. 항상 성장하는 것이 아니고 성장과 쇠퇴를 거치면서 기업은 성장한다. 기업을 관찰하고 그 기업이 미래에 성장할 만한 기업이 되겠다고 판단되면 주식을 더 많이 사기 시작한다. 짧게는 6개월. 길게는 2~3년에 걸쳐 주식을 매입한다. 농부가 농사를 하듯이 오랜 기간 동안 그 기업에 애정을 쏟는 것이라 할 수 있다.

그는 "많은 사람들이 '대표님은 돈이 많으니까 배당 나오는 기업에 장

박영옥 대표가 주장하는 주식농부의 모습

농부	• 콩 심은 데 콩 나고, 팥 심은 데 팥 난다 • 잘 가꾸고 노력한 대가만큼만 바란다 • 태풍, 장마 등 날씨에 관계없이 농사를 짓는다
주식농부	• 변화를 읽고 확장 · 발전해 나가는 가치 있는 기업에 투자 • 지속적인 관찰과 소통을 통해 기업을 도와주며 성과를 공유 • 경기 호불황에 관계 없이 늘 기업에 투자

기 투자하는 것 아니냐'고 묻는다"고 한다. 하지만 그는 "자본이 적을수록 원칙에 입각해 투자하다보면 나중에 이익이 커진다는 점을 명심하라"고 충고한다. 박 대표는 큰아이와 작은아이에게 2,000만 원씩 주식으로 증여해줬다. 지금 둘째의 경우 배당금만 2,200만 원 나온다. 결코 큰돈을 투자한 것이 아니다. 박 대표는 "투자는 기업과 동행이다. 투자자도 기업가다. 마음 그릇이 돈보다 커야 한다"고 말한다.

주식 투자를 머니게임으로 인식하는 것은 곧 실패하는 지름길이라고 강조한다. 원칙을 지키지 않은 채 차트지식만을 쌓고 은밀한 정보에 귀를 기울이는 것이 바로 그런 것이다. 그러다가 시장의 관심을 받고 있고 주가 변동 폭이 큰 종목에 투자한다. 이런 이들은 위기를 두려워하고 공포와 탐욕에 휘청거리기 마련이다. 이러다가 운이 좋아 큰돈을 만진다고 하더라도 결국에는 실패의 길을 걸을 수밖에 없다는 것이 박 대표의 생각이다.

성공하는 투자 습관은 주식 투자를 '기업의 성장에 따른 보상'으로 보는 것이다. 어떤 상황에서든 원칙에 따라 투자한다. 생활 속에서 기회를 발견한다. 투자한 뒤에도 관찰하고 소통한다. 위기를 기회로 보고 농사 계획에 따라 담대하게 투자한다. 박 대표는 실패하는 투자습관을 버리고 이 같은 '성공하는 투자법'을 체득하라고 강조한다.

장기 투자. 말은 쉽지만 대다수가 실패하는 투자방법이다. 박 대표는 기업과의 소통과 교류를 통해 믿음과 신뢰를 가져야 장기 투자를 할 수 있다고 강조한다. 자신의 소중한 자산을 투자했다면 시간과 비용을 들이면서 발품도 팔고 기업과 소통하고 투자해야 한다. 그렇게 해야만 기업에 대한 믿음과 신뢰가 쌓이고 장기 투자도 가능해진다는 지론이다. 박 대표는 "투자했다가 물려서 수년씩 갖고 있는 사람이 많다. 투자해놓고 잊어버리는 것은 투자라고 할 수 없다"고 말한다.

생활 속에서 만나는 1등 기업에 투자

주식농부인 박 대표는 "생활 속에서 기업을 찾는 것이 중요하다"고 말한다. 솔직히 일반 투자자들이 전문적인 기업들을 골라내는 것은 힘든 일이기 때문에 주위를 둘러보라는 뜻이다.

생활 속에서 찾아보면 1등 기업이 많다. 삼성전자, 현대차, 현대중공업 같은 기업이 있다. 카지노회사인 파라다이스, GKL 등은 최근 박 대표가 투자한 기업들이다. 2017년 투자 유망주라고 강조한다.

신약을 개발하는 보령제약은 잠재력을 보고 투자했다. 아모레퍼시픽, 농심, 태양, 대륙제관, 삼천리자전거, 참좋은레져 같은 1등 기업들도 소개했다. 그는 "1등 기업은 시장 지배력이 있기 때문에 단기 실적에 좌우되지 말고 장기적으로 가져가다가 주식 시장이 좋을 때 팔면 된다"고 설명한다.

NH투자증권, 교보증권, 삼성증권도 있다. 가장 수익률이 높은 기업은 증권회사다. 삼성증권은 실적에 비해 저평가돼 있다는 설명이다. 최근 박 대표에게 가장 큰 수익을 올려준 주식도 증권주다. 30% 정도 올라왔다는 설명이다. 삼성전자보다 삼성증권에서 더 큰 수익을 올렸고 앞으로 자산을 많이 가진 증권사가 돈 벌 확률이 높다고 말한다. 최근 현대증권을 인수한 KB금융도 주목할 만하다고 말한다. 조광피혁도 있다. 2015년 8월에 크게 떨어져서 회사 가치가 조금 저평가돼 있다는 설명이다.

박 대표는 "우리는 누구나 살아가면서 우리와 연관된 기업 한두 개는 알 수 있다. 우리가 흔히 먹고 마시고 생활하면서 사용하는 제품이나 서비스를 찾아 그것과 관련된 기업을 찾아 공부하고 소통하면서 '평생 함께할 수 있을 만한 기업'을 가지는 노력이 중요하다. 적어도 3~4개 기업을 가지고 있어야 한다. 그래야 행복한 노후를 보낼 수 있다"고 말한다. 박 대표 본인은 이 같은 1등 기업들 50~60개 정도에 투자하고 있다.

그는 기업들에 주주 제안도 활발히 한다. 대부분 배당에 대한 문제나 지배구조 개선문제들이다. 또는 좋은 아이디어나 복지문제에 대한 이야기도 한다. 전부 회사가 본래 취지대로 건강하게 가기 위한 제안들이라고 박 대표는 강조한다.

박 대표는 "인생이 길어졌다. 월급만 가지고 계속 일할 수도 없고 사업을 할 수도 없다. 개인은 시간과 자유가 있다. 우린 모든 정보를 얻을 수 있으므로 주식에서 성공하려면 공부를 해야 한다. 독서, 여행, 토론 등을 거치다 보면 세상 돌아가는 과정과 기업들을 이해할 수 있다. 기업 하나 정도는 인생의 동행자로 있어야 한다"고 끝을 맺었다. 행복한 주식 농부다운 말이다.

PART. 3

2017 해외 투자,
어떻게 해야 하나

Chapter
01

글로벌 경제·금융 전망과
투자전략

2017년은 리플레이션 시작의 해

외국인들은 어떤 자산에 투자를 할까. 한국 시장에는 관심이 많을까. 2017년 한 해 전 세계적으로 봤을 때 가장 '핫한' 투자처는 어디일까. 제대로 투자를 해보겠다는 사람들이라면 당연히 가질 수 있는 질문이다. 하지만 안타깝게도 솔직히 이 같은 질문에 제대로 답할 국내 전문가들은 거의 없다고 해도 과언이 아니다.

우리나라 사람들이 능력이 없어서? 물론 아니다. 차이는 정보력에서 벌어진다. 글로벌 재테크 흐름을 알려면 세계 곳곳에서 소위 돈 될 만한 것들이 무엇인지를 알아야 한다. 그러려면 수많은 곳에 지점을 가지고 정보력을 모으는 게 필요하다. 이것조차 어렵다면 이 같은 정보력을 가진 이들과 인맥을 쌓아 정보를 빌려오든지 해야 한다.

하지만 국내 금융사 중에서 이 같은 능력과 지점망을 갖춘 이들이 얼마나 있을까. 국내 투자자들이 너무나 잘 아는 국내 4대 은행과 이름만 대면 알 만한 국내 증권사들도 미국과 동남아 정도에 조그마한 지점 몇 개 가지고 있을 뿐이다. 이들이 의존하는 것은 골드만삭스, JP모간 등 글로벌 금융사들이 발행하는 리포트가 대부분이다.

이 때문에 2017 서울머니쇼에서는 글로벌 금융 강자로 잘 알려진 스탠다드차타드그룹에서 글로벌 투자분야를 총괄하고 있는 스티브 브라이스 글로벌투자전략헤드가 직접 강연자로 나서 국내 투자자들을 만났다. 스탠다드차타드는 전 세계 70여 개국에 진출해 금융서비스를 제공하고 있는 기업으로 150년 이상의 역사를 자랑하고 8만 명이 넘는 직원들을 거느리고 있다. 그만큼 다양한 경험과 정보를 가지고 있는 곳이라고 볼 수 있다. 스탠다드차타드의 글로벌 전망이 절대적이라고 볼 수는 없지만, 일단 외국인들의 투자 성향을 파악할 수 있는 좋은 지표로 삼으라는 뜻이다.

강연에 나선 브라이스 헤드는 가장 먼저 2017년이 전환점의 해라고 강조했다. 그동안 저성장, 저물가로 상징되던 시대가 지나가고 세계 경제의 성장세가 회복되면서 물가가 서서히 오르는 리플레이션Reflation 국면에 전 세계가 들어가고 있다고 강조한다.

그는 크게 네 가지가 바뀌고 있다고 설명한다.

| 2017 서울머니쇼 개막세션 연사로 나선 스티브 브라이스 스탠다드차타드그룹 글로벌투자전략헤드

첫째, 통화정책에서 재정정책으로의 전환이다. 글로벌 금융위기 이후 세계는 8~9년 정도 통화정책에 의존해왔다. 제로금리와 양적완화 등이 그것이다. 하지만 이제 이 같은 통화정책에서 벗어나 재정정책으로 전환하고 있다고 지적했다. 성장세를 지지하기 위해 재정정책을 적극 펼치고 있다는 것이다.

두 번째는 디플레이션 우려 종식과 인플레이션으로의 전환이다. 인플레이션에 대한 전망은 과거 상당히 보수적이었지만 이제는 물가가 본격적인 상승모드로 접어들고 있다고 판단하고 있다.

세 번째와 네 번째 변화는 긍정적 전환은 아니다.

세 번째는 세계화에서 보호무역주의로의 변화다. 미국의 새 대통령인

트럼프가 과거 강경 발언에서 한발 물러난 것은 다행이다. 하지만 트럼프의 정책변화가 세계 경제에 영향을 미치는데, 전반적으로는 보호무역주의가 분명한 기조라 기업이 적응해야 한다고 브라이스 헤드는 지적했다.

네 번째, 미국 주도의 일강 체제에서 다극화 체제가 됐다는 점이다. 미국이 과거에는 유일한 강대국이었지만 이제는 지역 차원에서 여러 강대국이 경쟁하고 있다. 특히 중국이 정치·경제적으로 부상하고 있다. 또 러시아도 유가상승에 힘입어 세력을 강화하고 있다. 그는 "다극화 체제에서는 예측하기 어려운 극단적 상황이 일어날 수 있다는 점을 염두에 둬야 한다. 북핵 문제도 극단적인 상황을 이끌 수 있는 요소다. 전 세계적, 지역적 차원에서 리스크가 있다"고 설명했다. 브라이스 헤드는 첫 번째와 두 번째 전환점은 향후 1~2년 안에, 세 번째와 네 번째는 10년에 걸쳐 장기적으로 나타날 것으로 내다봤다.

거시경제 관련해서는 지지부진한 성장과 리플레이션의 두 가지 중 하나가 될 가능성이 70% 정도 될 것으로 보고 있다. 70%의 확률로 2016년보다 나아진다는 것이다. 특히 지지부진한 성장보다 리플레이션 가능성이 더 커지고 있는 것으로 판단 중이다. 거시경제 상황이 전반적으로 2016년보다는 나아진다는 얘기다.

유로존, 아시아 수출국 성장 전망 밝아

세계 지역별로 경제 성장 전망을 따져보자.

미국 경제는 상당히 견실하지만 신호등 색깔로 본다면 노란색이다. 경제 성장 기조가 둔화되고 있다는 생각이다. 그는 "미국에서는 제조업이 상당기간 동안 허덕였다. 제조업 지수가 최근 어려웠지만 다시 상승세이고 산업 전체 측면에서도 견조한 성장세다. 여러 데이터로 볼 때 기업이 투자를 늘리고 있다. 과거 7년 동안 미국 제조업이 어려웠지만 회복하고 있고 이게 미국 경제에 긍정적인 영향을 주고 있다"며 어느 정도 긍정적인 견해를 보였다.

유로존과 영국, 일본은 견실한 성장을 예측해 초록색이다. 중앙은행의 통화정책 측면에서 미국은 조금 다른 모습이지만, 유로존의 경우 2017년 하반기에 ECB(유럽중앙은행)가 통화정책을 축소해나갈 것으로 브라이스 헤드는 내다봤다. 그는 "전문가들의 전망치 평균을 보면 유럽은 지난 4분기 이후 견조한 성장세다. 인플레 수준은 낮아 1.7% 수준이고 식료품 등은 1% 수준이다. 여전히 경제 성장 여력이 많다고 볼 수 있다"고 설명했다.

한국의 경우는 새 대통령 당선으로 재정정책을 통한 경기부양 가능성이 있어 전망이 밝다고 말했다. 반면 "중국은 분명 성장세가 둔화하고 있다"며 부정적인 견해를 밝혔다.

이 같은 글로벌 경제의 흐름이 한국을 포함한 신흥시장에 어떤 영향미칠 것인가. 브라이스 헤드는 "신흥시장에서 수출이 증가하고 있음에 주목해야 한다. 수출 증가는 호재다. 기업의 영업이익이 늘어나는 등 중요한 의미가 있다. 아시아 시장이 특히 지난 6개월 동안 크게 개선되고

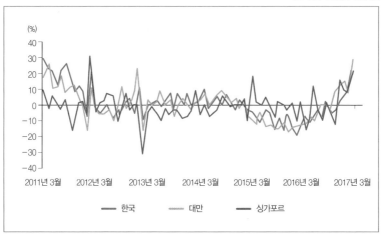

수출이 증가하는 아시아 신흥시장

자료: 블룸버그, SC제일은행

※한국, 대만, 싱가포르 수출 증가율(원유 제외): 전년 동기 대비.

있다"며 좋은 평가를 내렸다.

지역별 전망을 마친 그는 서두에 말했던 리플레이션 환경에 대비한 투자법을 이야기하기 시작했다. 그는 "리플레이션 환경이 되면서 전환이 일어나고 있다. 채권에서 주식과 같은 자산으로 돌아와야 할 때다. 이전까지 고객들이 안전자산에 투자했다면 다시 성장성 자산으로 가야 한다. 다만 늘 리스크는 있다. 지금은 보호무역주의와 지정학적 리스크, 스태그플레이션(경기 침체와 물가 상승이 동시에 일어나는 것) 등 위험이 있다"고 설명한다.

그는 이 같은 상황에서 전 세계 다양한 자산에 분산 투자하는 '멀티에셋인컴'의 포트폴리오를 갖기를 권했다. 이런 기본 포트폴리오에 주식 등 성장성 자산을 추가한다면 좀 더 높은 투자 수익을 올릴 수 있을 거라는 설명이다.

채권은 금리 상승기라 통상 수익이 좋지 않다. 원래 채권에 적극적이지 않았지만, 굳이 채권에 투자하고자 한다면 신흥국 하이일드본드(투자 부적격등급 기업 채권)처럼 금리에 크게 영향을 받지 않는 상품, 혹은 시니어론(신용등급이 낮은 기업에 자금을 빌려주고 비교적 높은 이자를 받는 변동금리형 선순위 담보 대출. 통상 시중금리가 오르면 수익이 높아지는 구조다)과 같은 상품이 좋다.

주식은 유로존 주식을 추천했다. 프랑스 대선이 끝나고 유로존의 정치 위기가 불식됐다. 아시아 주식도 우수하다. 인도와 중국, 한국의 주식을 눈여겨보고 있고 최근 대선 결과로 특히 한국 주식이 힘을 받을 것으로 전망했다.

그는 "원자재 관련 유가는 상승한다. 지난 1년간 유가가 어려웠다. 여전히 아주 우수하지는 않지만 배럴당 55~65달러까지 기록할 것으로 본다. 환율은 연초에는 달러가 점점 올라갈 것이라고 생각했지만 이제는 정점을 찍었다고 본다"고 각 섹터별 전망을 밝혔다.

각 자산별 상황을 자세히 살펴보면 일단 채권은 선진시장 하이일드 회사채를 가장 선호한다. 그 아래로 미국 달러 표시 신흥시장 국공채, 현지통화 표시 신흥시장 국공채, 미국 달러 표시 아시아 채권, 선진시장 투자등급 회사채 등의 순으로 나열했다. 가장 비선호하는 것으로는 선진시장 투자등급 국공채를 골랐다. 선진시장 투자등급 국공채는 금리의 영향이 커 위험이 있다는 뜻이다.

브라이스 헤드는 "선진국 하이일드 회사채는 급등이 있었지만 최근 조정되고 있다. 금리 상승기임에도 대개는 수익을 내기도 한다는 점을 기억해야 한다. 금리가 오르면 경제가 좋아진다는 신호이고, 경제가 회복되면 회사의 영업이익이 늘면서 재무제표가 개선돼 채무 상환 가능성도 늘어난다. 그래서 다른 채권에 비해서는 선진국 하이일드 채권이 더 좋다는 것"이라고 설명했다.

신흥국 채권에 대해서는 시장이 우호적으로 돌아서 상황이 호전되고 있다는 판단이다. 트럼프 정부 출범 이전에는 신흥시장서 돈이 빠져나왔지만 역설적으로 트럼프가 무역전쟁 으름장을 놓은 후 오히려 신흥국으로 돈이 몰리고 있다는 것이다. 트럼프 정부에서는 더 이상 그 같은 기조도 보이지 않고 있다. 그래서 브라이스 헤드는 이머징 마켓이 유망하다고 보고 있다.

아시아 회사채는 2017년 60% 정도가 중국에서 발행되고 있다. 중국이 매우 막대한 부채가 있어 레버리지가 높다. 그래서 중국이 혹 경제적으로 문제를 겪는다면 여기서 문제를 겪을 수 있어 포트폴리오에서 이 부분은 줄이는 것이 좋다고 그는 설명했다.

한국 채권은 어떨까. 브라이스 헤드는 "2017년은 기준금리 변동은 없고 경기부양이 계속될 것으로 보인다. 하지만 금리가 2016년 중반 이후의 낮은 수준은 아닐 것이다. 단기 회사채 위주의 포트폴리오를 추천한다. 이를 가장 선호하는 것은 아니고 적절한 헤지 수단이 있어야 한다"

고 밝혔다.

이제는 주식 시장을 살펴보자. 최근 브라이스 헤드에게 주식 관련해 급격한 매도가 있을지 묻는 이들이 많다. 물론 과거 사례로 볼 때 5~9월이 항상 10~4월보다는 주식이 약세인 것은 맞다. 하지만 그는 "흥미로운 것은 글로벌 주식 시장이 신고점을 경신하며 상승 동력을 유지하고 있다. 여전히 주식으로 (자금이) 들어갈 여지가 많다는 점을 느낀다. 각 기업들의 기초체력이 좋아지는 상황에서 향후 6개월간 주식은 긍정적이다. 일시적인 하락은 있겠지만 전반적 추이는 아니다"고 말했다.

주가 수준만 놓고 봤을 때는 미국을 긍정적으로 봤다. 그러나 전 세계에서 기업이익이 성장세이지만 미국은 성장세가 크진 않다는 우려를 나타냈다. 유동성은 미국과 영국은 많지 않지만 다른 지역은 충분한 지원이 있다는 설명이다.

전반적인 글로벌 투자자 투자비중을 보면 미국 주식은 이미 과다Over-weight하고, 아시아를 포함한 신흥국은 부족해Underweight 이와 관련한 조정이 있을 것으로 점쳤다. 이 같은 모습은 한국에서도 나타날 것으로 내다봤다. 최근 한국 주식 시장에서 외국인들의 매수가 이어지는 것과 일맥상통하는 견해다.

미국 주식의 경우 "향후 12개월 기업 실적 예측치를 봤을 때 상당히 견실하지만 아주 높진 않다"고 말했다. 물론 미국 주식은 여전히 믿을 만하지만 더 좋아질 것이라는 기대는 크지 않다는 말도 덧붙였다.

유럽 주식은 여전히 저평가돼 있어 매력적인 주가 수준이라고 설명한다. 앞으로 유럽 기업의 이익 증가까지 예상돼 성장세가 있을 것으로 내다봤다. 그는 "그간 네덜란드와 프랑스 대선, 독일 등 유럽의 정치에 대해 많은 우려가 있었다. 당시 보수적인 정당이 표를 얻는 것처럼 보였지만 그렇지 않다는 점이 드러났다. 독일에서도 메르켈의 리더십이 이어질 것이라는 전망이 나온다. 정치적 불확실성이 해소되고 중앙은행이 정책을 펼치면서 유로존 주식에 대한 기대도 커지고 있다"고 최근 변화된 분위기를 전했다.

일본을 제외한 아시아 지역 전망은 지난 2012~2016년까지는 시간이 지나면서 하향됐다. 하지만 2017년은 다르다는 입장이다. 초기 전망치가 높았는데 이를 상향조정까지 하고 있다고 설명한다. 아시아 기업들의 실적 기대치가 높아지고 있기 때문이다. 브라이스 헤드는 "아시아 이외 기타 신흥시장은 상당히 좋아 보이지만 세계적인 추세에 비해 상대적으로 크게 인상적이지는 않다"고 말했다.

기업 이익 증가하는 한국 주식 시장 유망

한국 주식 시장은 어떻게 보고 있을까.

브라이스 헤드는 한국 주식 시장에 큰 기대를 하고 있다. 코스피가 사상 최고치를 경신하면서 강력한 상승 모멘텀이 생겼다는 것이다. 또 새 대통령과 행정부에 대한 기대도 높다. 재정정책과 대북정책을 기대하고 있다. 여러 불확실성이 있지만 기대가 높아지면서 기업 이익 전망치도 긍정적으로 나타났다. 특히 배당이익이 늘 것으로 기대했다. 한국기업 배당률은 전 세계적으로 가장 낮은 수준이지만 기업들이 배당률을 높일 것으로 봤다.

브라이스 헤드는 "코스피 대형주 위주로 실적이 상향조정되는 추세다. 그래서 대형주를 선호한다. 소형주보다 대형주 위주로 집중하고 있다"고 말했다. 스탠다드차타드그룹 정도 되는 곳의 글로벌 투자 총 책임자가 이 같은 말을 할 정도면 외국인들의 대체적인 견해가 이와 비슷할 것이라는 점을 유추해볼 수 있다.

원자재 상황을 보면 원유는 강세를 나타내고 있다. 5월 들어 배럴당 50달러 수준(서부텍사스산 원유 기준)을 유지하고 있다. 그는 "여전히 원유 재고가 많다. 그래서 유가에 부정적 영향을 미치겠지만 2017년 과잉공급이 줄어들며 원유에 긍정적인 영향 미칠 것"이라고 전망했다.

금은 포트폴리오에서 비중을 줄이라고 충고했다. 인플레이션이나 지정학 리스크의 헤지 용도로만 활용할 것을 권했다. 이밖에 산업금속은 공급 과잉이지만 중국의 영향 때문에 수요는 나쁘지 않다. 원자재는 전반적으로 보합세를 예상했다. 다만 원유는 좀 더 상승할 여력이 있을 것으로 내다봤다. 최근 글로벌 경기 회복과 함께 러시아 등 산유국들의 감산 이행 기대 등이 이 같은 유가 전망을 뒷받침하고 있는 것으로 보인다.

향후 1년 정도 외환 관련 이슈는 없을 것으로 전망했다. 브라이스 헤드는 "유로의 경우 혼재하는 전망들이 많아 전반적으로 보합세를 예상한다. 현재 달러 강세에 대한 전문가들의 공통된 견해도 없다. 미국 금리 인상으로 달러가 강세를 보일 수 있지만 미국 인플레이션에 따라 달러 강세 압력을 상쇄할 것이다. 원화는 1달러 당 1,100~1,200원의 박스권을 보일 수 있다"고 밝혔다.

2017년 주목할 해외 투자처는?

이제 글로벌 분산투자는 필수

미국 트럼프 정부 출범과 중국의 사드배치 보복, 북한의 핵·미사일 위협 등 2017년 글로벌 투자 환경이 쉽지 않다. 일부 전문가들은 트럼프 정부 출범 이후 '강한 미국' 건설로 인한 달러 강세를 예상하며 투자를 권유했지만 생각만큼 재미를 보고 있지는 않다. 주변을 둘러봐도 딱히 '이거다' 할 만한 글로벌 투자처는 보이지 않는다. 하지만 해외를 외면하고 국내 증시나 부동산에만 투자했다가는 그 위험 또한 크기 때문에, 투자자들에게 해외는 어렵지만 항상 시도해봐야 하는 투자처다.

이런 투자자들의 어려움을 조금이나마 덜어보고자 서울머니쇼에서는 우리은행, 미래에셋대우, 대신증권 등 국내 최정상 은행·증권사에서 해외 투자 업무를 담당하는 고수들을 불러 2017년 가장 주목해야 할 투자처를 꼽아달라고 부탁해봤다. 이들이 주장하는 투자처가 반드시 최고의 수익률을 보장한다고 할 수는 없지만 글로벌 트렌드를 살펴보고 참고할 만하다는 점에서 꼭 한번 체크할 필요가 있다.

서울머니쇼가 준비한 '2017년 주목할 해외 투자처 베스트' 세미나의 첫 강사로 나선 최성호 우리은행 WM추진부 부부장은 "한국이 일본처럼 잃어버린 20년을 겪을 가능성이 크다는 이야기들이 많다. 한국 경제가 일본의 20년 전 상황과 비슷하다는 말이다. 저성장은 물론 저출산, 고령화 인구구조 등이 닮았다. 이 때문에 한국과 같은 한 나라에만 집중 투자하는 단일 국가 투자전략은 위험하다. 다양한 글로벌 투자처를 찾아 수익원을 넓히는 분산 투자를 통해 리스크 관리를 해야 한다"고 해외 투자의 중요성부터 강조했다. 한국과 같은 저성장 국가에서 얻을 수 있는 수익률이 한정돼 있고 한순간에 무너질 수도 있으니 글로벌 분산 투자가 필수라는 뜻이다.

한국과 미국, 독일 등 국내외 증시는 사상 최대치를 기록하고 있다. 하지만 주위를 둘러보면 아직까지 해외에 투자해서 돈 번 사람보다 잃은 사람이 많아 보인다. 이 때문에 최 부부장은 해외 투자에서 실패하지 않는 방법부터 언급했다. 이를 위해 그는 최근 저성장 저물가 상황에 대해 올바른 인식을 가질 필요가 있다고 말했다.

그는 "글로벌 인플레이션 시대라고 하는데 이 같은 현상을 좋지 않게

| 글로벌 분산 투자의 중요성을 강조하는 최성호 우리은행 WM추진부 부부장

보는 사람들이 많을 것이다. 물가상승은 화폐가치가 하락해 상품과 서
비스 가격이 전반적으로 상승하는 현상을 말한다. 그런데 최근 일본의
사례를 보면 그게 아니라는 걸 알 수 있을 것이다. 일본의 경우 저물가
수렁에 빠졌었다. 과거 성장률이 높았던 일본이 최근 20년 넘게 저성장
에 허덕이면서 물가상승률이 1% 혹은 마이너스가 될 정도로 떨어졌다.
일반적으로 저성장엔 물가가 낮아진다. 일본 통화정책 목표가 물가 2%
달성이다. 우리 생각엔 물가가 안 오르는 게 좋을 것 같은데 아니다. 물
가가 어느 정도는 나와야 하는 거다. 디플레이션은 기업들이 싫어하는
현상이다. 제품 가격이 떨어지니까 그렇다는 것이다. 물가가 안정되면 소
비자 입장에선 좋다고 볼 수 있는데 기업들이 안 좋으니까 경제가 흔들

릴 수 있다. 최근 몇 년 동안 우리나라 역시 저물가로 흔들렸다"고 최근의 저물가 상황을 전했다.

최 부부장은 이어 "최근 들어 유가 상승으로 인플레이션 기대심리가 증가했다. 유가는 계절적 특성상 급락은 없을 것으로 보인다. 여름엔 자동차 주행이 늘고 냉방과 전기 수요도 늘고 이는 유류 소비로 이어진다. 점차적인 상승 국면"이라고 설명했다. 과거처럼 배럴당 100달러까지 치솟긴 힘들겠지만 점진적인 상승이 일어날 것이고 이로 인해 인플레이션 기대 심리도 증가할 것이라는 뜻이다.

또 중국 일대일로 프로젝트(一帶一路, 중국이 추진 중인 신 실크로드 전략으로 주변국으로의 확장 정책을 의미)로 건설 인프라 투자를 확대하는 것은 국내 기업에 호재가 될 수 있다는 판단이다. 이 같은 중국의 인프라 투자 확대는 원자재 구매 수요 증가로 이어지고 공급 측면에서 역시 인플레이션을 유발할 수 있다고 말한다.

최 부부장이 보기에 최근 글로벌 경기 회복세도 인플레이션 요인이다. 요즘 들어 주요국들의 주가가 오르는 걸 두고 "과열이다. 주가가 고평가 됐다"는 말도 있지만, 그럼에도 불구하고 주가가 오르는 이유는 있다는 설명이다. 그는 "주가는 경기를 반영하는 것이다. 경기를 나타내는 지표를 보자. 세계 경기와 설비투자지표들을 보면 2016년 하반기 8월 이후부터 꾸준히 올라가고 있다. 2016년 하반기부터 전 세계 경기가 회복세에 들어섰음을 의미한다. 지금 전 세계 주가가 많이 올랐다고 하지만 더 오를 여지가 있다고 보는 게, 경기가 좋아서 그렇다. 이렇게 되면 물가는 자연스럽게 오르는 것이다"고 밝혔다.

물가연동국채 등 인플레이션 수혜 상품 주목

그럼 이 같은 인플레이션 상황에서 어떤 상품에 투자를 해야 할까. 최 부부장은 "은행·증권사에 가면 상품 추천이 많다. 너무 종류가 많아서 뭐가 좋은지 나쁜지 판단을 못한다. 물론 정답은 없다. 하지만 기본적인 원칙을 지키면 해외 투자로 손실 볼 일은 없다"고 말한다. 일단 인플레이션 수혜 투자상품에 주목하라고 강조한다. 배당 많은 고배당주, 현금 유입 많은 유틸리티주, 물가연동국채(원금과 이자지급액을 물가에 따라 조정해 채권의 실질구매력을 보장한 국채), 하이일드 회사채, 신흥시장 채권, 원자재 등을 꼽는다.

특히 그는 중위험·중수익 장기 투자처로 선진국 하이일드 회사채(신용 등급이 낮은 회사가 발행한 채권으로 원리금 상환에 대한 불이행 위험이 높지만 그만큼 금리도 높다)를 꼽았다. 경기가 올라가는 상황에서 원리금 상환 위험은 낮아지지만 수익률이 높기 때문이다. 또 해외 투자는 선진국 투자가 중심이라고 설명했다. 이머징 시장의 경우 변동성이 높은 만큼 투자 위험 또한 크기 때문이다. 예를 들어 브라질 펀드의 경우 2015년 수익률이 −38%에서 2016년은 56.4%로 올랐다.

해외 투자에 나서기 전에 세금 문제는 꼭 체크할 필요가 있다. 최 부부장은 "많은 사람이 세금 문제를 간과하지만 제일 중요한 거다. 국내 주식은 배당에 대한 세금은 내야 하지만 매매차익에 대해선 세금이 없다. 하지만 해외 주식은 배당이든 매매차익이든 모든 수익금에 대해 세금을 낸다. 차이는 있다. 해외펀드나 국내증시 상장 ETF는 배당소득세 15.4%가 붙고, 해외 증시 상장 주식이나 ETF는 양도소득세 22.0%가 붙는다. 연간 금융소득이 2,000만 원을 넘는 금융종합과세자라면 분리과세되는 해외상장 주식 투자가 유리하다. 2017년 연말까지 비과세되는 해외 주식전용 펀드(1인당 3,000만 원 한도)도 적극 활용해야 한다"고 강조했다.

최 부부장은 "계란은 한 바구니에 담지 말라. 몰빵 투자하지 마라"고 거듭 말한다. 이머징 마켓에 집중적으로 넣는 식은 안 된다는 것이다. 앞서 말한 브라질 사례가 좋은 예가 될 수 있다. 또 시중에 단기 수익률이 좋다는 펀드만 모아서 하다보면 대부분 성격이 같은 펀드라 안 된다고 설명했다. 고위험 · 고수익 상품, 특히 단기 고수익을 추구하는 펀드들은 꼭 피하라고 조언했다.

회복 중인 중국 증시 주목

국내 1위 증권사인 미래에셋대우의 김해영 수석연구위원은 중국을 투자 유망지역으로 꼽았다. 미래에셋대우가 과거부터 중국에 대한 긍정적인 시각을 보여 왔던 증권사라는 것을 감안할 필요는 있지만, 투자자들의 관심이 높은 지역인 만큼 하나하나 김 위원의 설명에 귀 기울여볼 만하다.

| 중국 우량 종목 투자를 추천하는 김해영 미래에셋대우 수석연구위원

　그는 "중국 증시가 2016년 중반 이후 회복 중이다. 얼마나 회복할지는 모르겠고 일단 회복 중이라는 점에 주목하고 있다. 미국이 금리를 2년 이상 중기적으로 올렸던 1990년대 이후에도 이머징 증시는 모두 하락할 거라는 우려와 달리 계속 올랐다. 예외가 없었다. 반복될 확률이 높다"고 말했다. 미국 금리 인상 전망으로 이머징에 투자했던 자금들이 빠져나가 증시가 급락할 것이라는 우려는 과거 경험상 기우라는 뜻이다. 김 위원은 "외국인 자금 유입은 시장 개방이 아니라 환율이 더 큰 영향을 미친다"고 덧붙였다.

　김 위원은 일반 투자자들에게는 좀 낯설 수 있지만 중국 증시의 유망 종목들을 하나하나 찍으면서 설명했다.

그는 "2012년 기준 전 세계적으로 제약시장 내에서 미국이 차지하는 비중이 가장 크다. 2위는 일본, 3위는 중국인데 2017년에는 중국이 2위로 올랐다. 시장 규모가 미국의 절반 수준이다. 2012년에 4분의 1에 불과했던 것에 비하면 괄목할 만한 성장이다. 하지만 매출액 기준으로 글로벌 제약사를 꼽으면 중국 기업은 하나도 없다. 이 같은 상황에서 항서제약은 글로벌 시장에 진입할 가능성이 큰 기업이다. 연구하는 신약들의 라인업이 잘 되어 있는 곳이다. 중국 제약 업종 주가가 2017년 현재까지 마이너스 수익을 냈지만 항서제약은 20%가 넘는 수익을 냈다"고 말했다. 중국 제약 업종 주가가 안 좋은 상황에서도 1등주인 항서제약은 잘 나가는 상황이라면 향후 주가도 믿을 만하다는 의미다.

글로벌 시가총액이 높은 중국 최대 가전회사인 메이디그룹에도 주목했다. 그는 "4차 산업혁명의 주인공이다. 메이디그룹이 2016년에 독일 대표 4차 산업혁명 산업용 로봇 1위업체인 쿠카라는 기업 인수에 성공했다. 처음에는 비싸게 산 거 아닌가 우려했는데 조사해보니 결코 비싸지 않게 잘 샀다고 생각했다"고 설명했다. 자동차는 더 이상 사람이 안 만든다. 모든 라인을 기계가 대체하고 있는데 이 대체하는 로봇을 쿠카가 만들고 있기에 이를 인수한 메이디그룹에 주목하라고 강조한다. 그는 "주가가 2017년 현재까지 20% 넘는 상승률을 보이고 있으며, 계속 오르고 있다"고 덧붙였다.

김 위원이 주식에 투자할 때는 종목 선정 기준이 따로 있다. 수익이 많이 나느냐가 아니라 손실을 보지 않는 주식을 고른다. 일단 사면 손실

안 보고 수익 낼 확률이 높게 판단되는 것을 고른다. 김 위원이 보기에 중국의 해천미업이 그런 기업이다. 그는 "주가가 꾸준히 갈 수 있는 기업으로 본다. 꽃길만 걸을 기업이다. 중국에서 조미료 생산으로 1위인 회사다. 중국도 일본·한국처럼 모든 조미료 베이스가 간장이다. 전체 조미료 시장에서 간장이 40%, 이 회사도 간장으로 매출의 60%를 채운다. 시장 점유율도 높다. 전체 중국 간장시장 점유율은 14%"라고 설명했다. 또 "소득 수준이 올라가면 사람들은 간장의 브랜드 밸류에 집착한다. 우리나라의 경우 샘표, 대상, 오복 등 잘 알려진 브랜드 점유율이 85%다. 일본도 상위 3개 업체가 67%를 차지하고 있다. 앞으로 중국도 소득 수준이 올라갈수록 브랜드에 집착할 거고 해천미업의 간장 시장 점유율은 더 높아질 거다. 해천미업은 공장을 자동화하고 있고 프리미엄 간장 매출도 급증하고 있다"고 말했다.

하이크비전은 중국에서 가장 '핫한' 기업으로 주목할 필요가 있다고 강조한다. 보안 영상 설비 장치로 현재 중국 정부가 추진하고 있는 '사람들의 신용점수를 만드는 업체'로 설명한다. 중국 CCTV 1위 업체인 하이크비전은 어떤 사람이 누구랑 싸우고 하는 등 세세한 데이터들을 축적하면서 중국 정부의 감시를 돕는 기업이라고 김 위원은 말했다. 2017년 4월에는 신사업을 발표하면서 산업용 로봇시장 진출도 선언했다. 그는 "중국 최대 물류회사에 택배 물류를 정리하는 기계를 2016년부터 납품했다. 신성장 산업으로 꼽힌다"고 말했다.

중국 등 아시아 내수국가 장기 투자 선호

해외 유망 투자처 세미나의 마지막 강연자로 나선 박형중 대신증권 리서치&전략본부 마켓전략실장은 주식 시장에 대한 긍정적인 관점으로 강연을 시작했다. 그는 "최근 주식 시장에 대한 관심이 커지면서 최고치 주가를 달성한 국가들이 많아졌다. 당분간 주식 시장 상승을 훼손할 주요 이벤트들이 없기 때문에 좋은 흐름세를 이어갈 것 같다"라고 밝혔다.

하지만 점차 글로벌 주식 시장이 조심해야 할 국면으로 가고 있다는 판단이다. 일단 최근 미국의 실물지표들이 완만하게 좋아지고 있지만 금융시장에선 이를 이미 충분히 반영했기 때문에 조금 경계를 할 필요가 있다는 것이다.

박 실장은 "전 세계 경제 회복 기대감은 있으나 성장 모멘텀은 강하지 않다. 실물경기가 획기적으로 좋아지는 국면은 아니다. 인상적으로 좋아지는 국가도 찾아보기 어렵다. 한국 경제는 2017년 성장률이 상향 조정되고 있지만 2016년보다 낮은 수준이다. 소비심리 회복, 차기 정부의 성장정책에 대한 기대감이 높지만 여전히 저성장 국면에 있다. 최근 한국 경제를 보는 시각이 긍정적으로 바뀌고 있지만 아직까지 기초체력은 낮은 수준에 있다. 한국 가계 소득 증가율도 2011년부터 떨어지고 있다. 문재인 정부가 가계소득을 높일 정책을 펴겠지만 속도는 느릴 것이다. 조심해야 할 국면이다"라며 국내 증시에 대해서는 단기적으로 부정적인 시각을 나타냈다.

또 "하반기에는 주식 시장 유동성이 취약해질 수도 있는 상황이다.

| 아시아 내수국가 주식에 주목한 박형중 대신증권 마켓전략실장

투자자들의 낙관적인 심리가 최근 10년래 가장 높은 수치를 기록하고 있다. 주식 시장에 팽배한 낙관론은 이제는 경계해야 할 수준에 달했다. 최근 전 세계 물가 오름세 둔화가 조정의 시그널이다. 2016년 하반기부터 전 세계 물가가 굉장히 빠르게 올랐고 이는 경제가 좋아지는 신호이며 그래서 주가가 오를 것이라는 전망들이 많았다. 하지만 최근 전 세계 물가상승률이 꺾이기 시작했고 앞으로 1~2분기 정도는 물가 상승이 어느 정도 둔화될 가능성이 있어 위험자산 투자를 조금씩 줄이라"고 조언했다. 잠깐은 쉬어갈 필요가 있다는 뜻으로 풀이된다.

앞으로 5~10년 장기 투자한다고 봤을 때 가장 유망한 지역은 이머징 아시아 내수국가들이 될 것으로 내다봤다. 그는 "글로벌 전체적으로 인구가 줄어들고 있는데 아시아는 인구가 늘어나는 국가가 많다. 이는 성장을 탄탄하게 하는 요인이다. 세계적으로 성장을 이끌 지역이 이들 지역이다. 지금 당장은 많은 관심이 없겠지만 앞으로 5~10년 투자로 본다면 이들을 봐야 한다는 것"이라고 설명했다. 박 실장은 이사아 내에서 인프라투자 관련 수혜가 예상되는 중국, 인도, 인도네시아, 베트남 등의 지역을 눈여겨보고 있다.

반면 미국 주식은 부담스러운 수준으로 올라 주가 조정이 있을 것으로 내다봤다. 지금 시장은 미국의 금리 인상을 크게 두려워하지 않기 때문에 이것만 반영하면 그다지 우려할 수준은 아니라는 설명이다. 금리 인상 속도도 걱정될 만한 수준으로 하지 않을 것으로 보고 있다. 하지만 2017년 하반기부터 미국 중앙은행이 만기가 도래한 채권에 재투자를 하지 않고 유동성을 흡수할 것으로 보여 이 점을 유의 깊게 살펴보라고 주문한다. 금리만 천천히 올린다고 좋아하지 말고 다른 방법을 통해 '유동성을 줄이는가'를 끊임없이 살피라는 뜻이다.

원자재와 환율 투자는 어떻게?

원유, 비철금속 등 상승기 접어들어

해외 투자 하면 대부분의 사람은 그 나라의 주식이나 펀드, 상장지수펀드ETF 등에 투자하는 것으로 생각하기 쉽다. 해외 부동산의 경우는 현지답사와 각국의 규제 등에 대한 이해 부족으로 잘 이뤄지지 않고 있는 현실이다. 하지만 금과 원유 등의 원자재나 달러, 엔화 등도 전체적인 글로벌 투자 흐름을 파악하고 투자한다면 좋은 해외 투자처가 될 수 있다. 단 전문가들은 "원자재와 외화 투자는 어디까지나 보조적인 투자 수단인 만큼 몰빵 투자를 하지 말고 전체 자산의 일정 비중만 유지할 것"을 권하고 있다. 특히 원자재의 경우 수익률 변동성이 심해 더더욱 투자

비중을 높이는 것을 자제하라는 충고다.

2017 서울머니쇼에서 원자재 시장 전망을 설명한 홍성기 삼성선물 책임연구위원은 원자재를 운송하는 벌크 해운사 내 트레이딩 부서에서 처음 근무하며 원자재 시장과 인연을 맺었다. 이후 전문지식을 갖추기 위해 투자자문사에서 1년 6개월 정도 원자재 운용 관련 일을 했고 이후 원자재 및 파생상품 시장 정보를 주로 제공하는 삼성선물로 자리를 옮겨 원자재 리서치를 맡고 있는 전문가다.

홍 위원은 최근 원자재 시장 상황부터 진단했다. 그는 "지난 2016년은 원자재 시장에서 일부 농산품을 제외한 전 품목이 급등했다"며 "2002년도에 낮았던 원자재 가격이 2005년, 2006년, 2008년 급등했다. 물론 2008년 금융위기 때 모든 원자재 시장이 급락했지만 2011, 2012년도에 다시 정점을 찍었다. 전문가들은 2000년대 초반부터 2016년까지 거대한 슈퍼사이클이 지나갔다고 말하고 있다"고 분위기를 전했다. 하지만 홍 위원은 "한 차례 큰 사이클이 지나갔던 원자재 시장에 이제 다시 슈퍼사이클이 시작되고 있다"고 강조했다.

왜 원자재 시장에 슈퍼사이클이 다시 온다는 것일까.

2000년대 초반 이후 원자재 가격 상승은 중국의 수요가 점차적으로 증가하면서 시작됐다. 2004년, 2005년까지 그나마 점진적인 가격 상승세가 나타났다면 2000년대 중반 이후부터는 아예 만성적인 공급 부족이 초래됐다. 이유가 뭘까? 중국 경제의 급격한 성장 때문이었다. 당시 원자재 가격은 천정부지로 치솟았다. 유가가 배럴당 150달러까지 급등할

| 원자재 시장 전망을 설명하는 홍성기 삼성선물 리서치센터 책임연구위원

정도였다. 세계 최대 투자은행인 골드만삭스는 유가가 배럴당 200달러까지 간다고 예상하기도 했다.

그러다가 2008년 글로벌 금융위기로 흐름이 끊겨 원자재 가격은 다시 고점을 찍는다. 일부 품목은 금융위기 직전, 일부는 금융위기 직후 가격 고점을 맞는다. 가격상승으로 인한 공급 증가가 이어졌다.

이 같은 상황에서 셰일 오일이 등장한다. 셰일오일은 원유가 생성된 뒤 지표면 부근으로 이동하지 못하고 유기물을 함유한 암석인 셰일층 안에 갇혀 있는 원유를 말한다. 평소 같으면 일반 원유보다 비싼 생산비로 쳐다보지도 않았을 자원이다. 하지만 유가가 150달러 수준까지 오르다 보니 새로운 에너지원을 찾기 위한 노력이 계속되면서 셰일오일도 개발

되기 시작했다. 그러면서 원유 공급이 급등했다. 홍 위원은 "2012년 말부터 중국의 수요 증가가 예전 같지 않다는 이야기가 들려오면서 원유를 비롯한 원자재 시장이 나락으로 빠져들었다"고 설명했다.

하지만 이제 상황이 또 변하고 있다고 홍 위원은 강조한다. 원유 가격이 워낙 많이 떨어지다 보니 공급 조정이 일어나고 있다는 것이다. 홍 위원은 "최근 8개월 정도 셰일오일 생산이 감소세를 나타냈다. 이게 최근 다시 유가를 반등시킨 배경이다. 지금은 공급 조정으로 인한 반등은 어느 정도 지났다. 가격이 어느 정도 올라왔기 때문에 추가적인 공급 조정이 보이지 않고 있다"면서도 "새로운 슈퍼사이클이 다시 나타나기 위해서는 공급조정 이외에 수요의 증가가 필요하다. 아직까지 세계 경제는 원자재 수요를 견인하기에 무리가 있지만 과거 사이클을 봤을 때 새로운 사이클이 시작된 건 분명하다"고 말했다. 중국 정부가 일대일로 프로젝트를 추진하기 위해 재정지출을 통한 경기부양과 인프라 투자에 집중하고 있는 것도 장기적인 원유 가격 상승에 긍정적인 뉴스다.

그렇다면 2017년 들어 나타난 원유 가격 상승세는 어떻게 분석하고 있을까? 일단 연초부터 석유수출기구OPEC 회원국들의 감산은 잘 지켜지고 있다고 판단한다. OPEC의 감산 이행률은 1월 91%, 2월 111%, 3월 103%다. 비회원국까지 합한 감산 이행률도 2월에 94%를 기록했다. 하반기에도 감산할 것인가에 대한 회원국 간 합의가 필요하지만 사우디가 2018년 초 국영 석유회사를 주식 시장에 기업공개IPO하기 위해 유가가 잘 유지되어야 함을 감안하면, 어느 정도 박스권은 지키지 않겠냐는

2017년 주요 원자재 가격 변화율

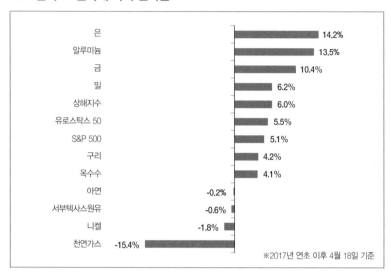

은	14.2%
알루미늄	13.5%
금	10.4%
밀	6.2%
상해지수	6.0%
유로스탁스 50	5.5%
S&P 500	5.1%
구리	4.2%
옥수수	4.1%
아연	-0.2%
서부텍사스원유	-0.6%
니켈	-1.8%
천연가스	-15.4%

※2017년 연초 이후 4월 18일 기준

것이 홍 위원의 생각이다.

구리, 알루미늄 등 비철금속은 어떨까. 그는 "미국 트럼프 대통령은 인프라 투자를 공약으로 내세웠다. 인프라 투자가 증가하면 구리와 같은 비철금속 수요의 증가로 이어질 것이다. 2017년 수급 예상치를 보면 평균 6만 톤 정도 공급 부족으로 나타난다"고 설명했다. 앞서 언급했던 중국의 일대일로 정책 시행도 역시 비철금속의 수요를 뒷받침하고 있다.

2017년 달러 값 약세 보일 전망

원자재 관련 설명은 이쯤 하고 이번에는 환율 투자를 한번 들여다

보자.

2016년 미국 경기의 회복과 금리인상 등으로 투자자들 사이에서는 달러가 주목을 받았다. 아니 이미 그 이전인 2015년 하반기 정도부터 시중은행 PB들은 "돈 있을 때마다 달러 좀 사두라"고 단골 고객들에게 투자를 권유해 왔다.

2016년 12월 미국이 추가 금리인상을 단행하고 외국인 자금 이탈이 일어났다. 또 미국 트럼프 대통령의 인프라 투자 공약이 탄력 받으면서 원달러 환율이 상승(달러 강세)했다. 장중 달러 당 1,210원을 찍는 등 2017년 2월 초반에 고점을 기록했다. 3월 들어 미국 FRB가 금리인상을 '예상을 벗어나지 않는 범위에서 하겠다'는 뜻을 보임으로써 달러가 약세로 전환됐고 이후 탄핵정국과 북한 핵 위협 등으로 또 하락한 후 5월 들어서는 달러 당 1,100원대 초중반을 기록하고 있다.

머니쇼에서 환율시장 전망 강연에 나선 서정훈 KEB하나은행 외환파생상품영업부 연구위원은 "하루하루 환율 방향성에 대해 개인 고객이 많이 문의한다. 하지만 우리들도 일별 상황과 방향성을 잡기는 어려운 것 같다. 단기적으로 3개월이나 6개월 이상 전망은 정확성이 있으니 그런 관점에서 접근하는 게 좋을 거 같다"고 말했다. 주식에 투자할 때 하루하루 '단타'를 하는 것보다 기업 실적 등을 따지며 장기적인 관점에서 접근하라는 전문가들의 충고가 많은 것과 비슷한 이야기다.

2017년 한해 원달러 환율 전망에 대해 서 위원은 "전체적으로 미국 트럼프 정부의 보호무역정책이나 환율조작국 지정 움직임 등으로 달러

| 환율전망 세미나에서 달러 약세를 예상하는 서정훈 KEB하나은행 외환파생상품영업부 연구위원

가 굉장히 약세를 보이는 흐름을 나타낸다고 말할 수 있다"고 말했다.

그는 환율에 영향을 줄 수 있는 기본적인 요소들을 하나하나 짚어가면서 설명했다. 우선 한국 경제의 기초체력과 위기 완충 능력이 어느 정도인가 하는 점이다. 과거 1990년대 외환위기 때 이 같은 점이 부실해서 원달러 환율이 급상승했음을 감안해 반드시 짚고 넘어가는 요소다.

서 위원은 "한국 경제가 지표는 좋게 나왔다. 문재인 대통령 당선 이후 추가경정을 통해 경제 회복력을 끌어올리려 하고 있다. 불확실성이 있어서 그렇지 좋은 방향으로 가면 한국 경제 측면이 환율에 미치는 부분은 많지 않을 것으로 본다"고 말했다. 한국 경제가 환율에 급격한 영향을 줄 만큼 위기 상황은 아니라는 뜻으로 해석된다. KEB하나은행에 따르면 한국의 총외채 대비 단기차입 비중은 2008년 5월 말 50.1%에서 2016년 2월 말 27.2%로 최저 수준을 기록하고 있다. 그만큼 급하게 갚아야 할 돈이 별로 없다는 의미다. 또 외환보유액은 3,740억 달러(2017년 1월 기준)로 넉넉한 편이며 국제신용평가사인 S&P가 2016년 8월 한국 국가신용등급을 AA(안정적)로 상향하는 등 한국 경제를 바라보는 외국의 시각도 나쁘지 않다.

외화 수급 측면은 어떨까. 일단 한국의 경상수지 흑자폭은 2016년 970억 달러에서 2017년 750억 달러로 감소할 것으로 내다봤다. 2017년 초 급격히 늘었던 외국인 증권투자자금 또한 하반기에는 진정세를 보일 것으로 봤다. 그는 "원화 강세 기대로 외국인 자금이 들어오는 중이다. 채권도 외국인이 통안채(통화안정채권, 한국은행이 시중 통화량 조절을 위해 금융기관을 상대로 발행하고 매매하는 채권) 등을 많이 사면서 자금이 들어오고 있다. 하지만 하반기에는 다시 달러가 유출될 가능성도 있을 것으로 보여 외환 시장에 부정적인 영향을 줄 가능성이 있다"고 밝혔다.

환율에 영향을 줄 수 있는 전반적인 글로벌 이슈도 살펴보자. 서 위원은 "중국은 2017년 정부가 경제성장률을 6.5%까지 낮춰놓은 상황인데도 성장세가 개선됐다고 볼 수 있다. 하지만 아직까진 더 지켜봐야 하고 하반기로 가면서 미국과 무역 분쟁이 확대될 가능성도 있다. 만약 중국 경제가 안 좋아질 경우 위안화 환율에 대해 중국 정부가 개입할 가능성이 높다. 이럴 경우 과거 사례로 볼 때 원화 움직임이 동조화된다. 중국도 고부가가치 산업군에서 한국과 경쟁하고 있기 때문에 동조현상은 커지고 있다. 이 때문에 중국 경제가 조금만 활력이 떨어지면 위안화 환율이 올라갈 수 있고 이에 따라 원달러 환율도 올라갈 가능성이 생기면서 통화시장은 불안해질 수 있다"고 설명했다.

미국의 경우 FRB의 금리인상이 자산축소로 이어질 경우 시장 불안을 키울 수 있다고 보고 있다. FRB가 인플레이션 억제에 나서기 위해 매입해온 채권을 팔아서 시장에 풀린 돈을 회수할 수 있다는 뜻이다. 또 FRB 입장에서는 금리 인상 시 보유하고 있는 채권 가치가 더욱 하락하기 때문에 그 이전에 매각할 수 있다. 시장에 풀린 돈이 다시 회수된다는 것은 그만큼 시중에 달러가 부족해진다는 것이고 이는 원달러 환율 상승으로 이어질 수 있다.

유가의 경우 배럴당 50달러를 넘어서게 되면 위험자산 선호심리가 확대될 것이며 이로 인해 글로벌 증시가 상승하면서 달러는 약세, 신흥국 시장 통화는 강세를 보일 가능성이 있다.

서 위원은 전반적으로 국내경제 성장률이 아직 낮은 수준이고 줄어드는 외화 공급, 미국과 중국에서의 악재 등을 감안해 2017년 연평균 원달러 환율이 2016년(달러 당 1,161원)보다 하락한 달러 당 1,148원 정도를 기록할 것으로 봤다.

PART. 4

국가대표 PB들이
제안하는 포트폴리오

은행 PB들에게 듣는
재테크 전환기 투자법

글로벌 자산 배분으로 위험 분산해야

지금까지 우리는 부동산, 주식, 원자재, 외환 등 재테크 투자처를 하나씩 살펴봤다. 하지만 재테크는 어느 한 투자처에 '몰빵'하는 것이 아니다. 여러 가지 투자처를 적절히 분산 투자해야 하므로 종합적인 컨설팅을 받아볼 필요가 있다. 특히 문재인 대통령이 취임하고 금리가 상승하는 전환기에는 전반적인 재테크 설계의 수정이 필수적이라 할 수 있다.

2017 서울머니쇼에서는 신한은행, KB국민은행, 우리은행 등 소위 잘나가는 은행에서 대표적으로 내세우는 스타 PB들을 초빙해 '저금리 시대 종식, 재테크 전환기 투자'라는 주제로 릴레이 강연을 했다. 은행 PB

들이 대체적으로 안정적인 성향을 추구하는 것을 감안해, 보다 공격적인 성향의 투자자들을 위해 국내 대형 증권사인 미래에셋대우, NH투자증권, 한국투자증권의 대표 PB들도 초빙해 강연을 따로 마련했다.

이 장에서는 먼저 안정적인 수익률을 추구하는 은행 대표 PB들의 투자 권유를 들어볼 예정이다. 수십 년간 자산가들을 만나온 대표 PB들인 만큼 부자들도 이들의 권유를 받아 움직이고 있다는 점을 감안해 들을 필요가 있다.

가장 먼저 강연에 나선 김영웅 신한은행 목동PWM센터 PB팀장은 서울머니쇼에서 낯익은 얼굴이다. 벌써 네 번째 강연에 나선다. 언론사의 요청이 올 때 신한은행이 가장 먼저 내세울 만큼 '잘나가는' PB라고 볼 수 있다.

김 팀장은 강연 서두에 새로 바뀐 정권 이야기부터 꺼냈다. 그는 "문재인 대통령 제1공약이 일자리였다. 10호 공약까지 보면 경제 관련 3개, 부채 관련 3개, 기업 관련 2개 정도 된다. 앞으로 신문에서 많이 듣게 될 얘기가 '제이노믹스(문재인 대통령의 경제정책)' 얘기일거다. 제이노믹스 핵심이 일자리, 소득재분배, 재벌개혁이다. 일자리와 관련해선 추경 편성으로 일자리를 만들어주고 정부가 직접 관리하겠다는 의지를 보여주고 있다. 10조 원 정도 추경으로 경제를 살리겠다는 게 문재인 정부의 의지다. 그러려면 어디선가 세금이 나와야 하는데, 법인들에게 걷겠다는 말이 나온다"고 설명했다.

그는 이어 "대기업보다는 중소기업이나 없는 사람들을 위한 정서가 강하기 때문에 당분간은 중소기업이 기대되는 종목 아닐까 싶다. 콕 찍어서 4대 재벌(삼성, 현대차, SK, LG) 등은 출자총액제한제 등 규제들이 나올 것이다. 전기·통신료 인하 관련 종목은 주가가 떨어질 수 있기 때문에 조심해야 한다"고 말했다. 문재인 정부의 친서민적 정책을 흘려듣지 말고 이해득실을 따져 관련 종목들을 찾아내라는 뜻이다. 정권 초반에 이슈화되고 있는 재벌개혁의 경우 제대로 시행되면 한국 대기업들이 오히려 더 깨끗해지고 올바른 방향으로 가는 모습을 보일 수 있기 때문에 증시에는 긍정 요인으로 작용할 수 있다는 생각이다. 재벌과 관련한 종목은 중장기적으로 관심을 가질 만하다고 덧붙였다.

부동산 쪽은 큰 우려를 할 필요가 없다는 설명이다. 김 팀장은 "부동산 보유세 인상 이야기도 나오고 하는데 현재 보유세 부담이 12% 정도로 미국, 일본, 독일과 비교해도 높은 상황이라 부동산 시장을 억제하는 이 같은 제도를 시행하기는 어려울 것이다. 부동산을 경착륙시키는 일은 없을 거다. 또 보유세가 높은 상황인데 거래세까지 높이진 않을 것이다"고 전망했다.

금리에 대한 이야기가 많다. 미국에서 기준금리를 올리는 바람에 국내 기준금리와 국고채 금리 등도 오르지 않겠냐는 전망들이 대다수다. 이에 대해 김 팀장은 "은행 예금금리가 오르지 않는 걸 체감하고 있을 것이다. 아직 우리나라는 금리를 올려서 과열을 막아야 할 정도로 물가가 오르지 않고 있다. 한국의 수출실적이 좋아지면서 금융기관들은 '한국 경제가 좀 더 좋아질 수 있다'고 말하는데 경기가 과열되기 때문에

| 저금리 시대 이후 투자 전략을 설명하는 김영웅 신한은행 PWM목동센터 PB팀장

금리를 올려야 한다는 말이 나오긴 힘든 상황이다"고 말했다. 아직까지
는 저금리 시대의 종식이라고 말하기는 어려운 상황이라는 것이다.

김 팀장은 금리가 오르기 쉽지 않은 상황에 대한 배경 설명을 계속했
다. 그는 "요즘 사람들이 돈이 없다보니 소비가 줄어든다. 그것은 기업
매출이 줄어든다는 뜻이다. 그럼 기업은 물건을 싸게 팔려고 할 것이다.
당연히 기업들 이익은 줄어드니까 고용은 줄고 임금도 줄고, 그럼 또 소
비도 줄어드는 악순환이 일어난다. 이런 상황이다 보니 금리를 높여 기
업들에게 부담을 줄 수 없다"고 말했다.

김 팀장은 "2016년 이후 세상이 조금씩 바뀌고 있다. 선진국 경기가
좋아지고 있다는 말이 나오는데, 이미 이걸 바탕으로 다른 나라들도 조

금씩 좋아지고 있다는 데 주목해야 한다. 그 핵심은 '신흥국들이 좋아지고 있다'는 것이다"고 강조한다.

최근 출범한 미국 트럼프 정부의 정책은 미국을 빠져나갔던 기업들이 돌아오게 해 미국사람들의 일자리를 만들겠다는 거다. 물론 새로 생긴 일자리들이 새로운 물건을 만들어 낼 것이고 이 물건 또한 팔아야 한다. 이를 신흥국가에 팔아먹겠다는 것이 핵심이라고 그는 설명한다.

미국에서 만든 물건을 신흥국에 팔 것이라면 달러는 강세를 보여야 할까 아니면 약세를 기록해야 할까. 당연히 달러가 약세를 보여야 수출을 하는 데 유리할 것이다. 달러 약세로 인한 신흥국 통화의 강세 등을 감안하면 당분간은 신흥국에 투자하는 게 상대적으로 유리하다는 판단이다.

위험 관리에 대한 인식 전환도 필요하다고 설명했다. 그는 "위험이란 무엇인가. 원금을 날려 손해를 보는 게 위험이 아니다. 위험이란 평균값에 비해 얼마나 더 이익이 나고 덜 이익이 나느냐에 따른 것이다. 일반인들이 안전하다고 생각하는 정기예금은 정말로 위험하지 않은 것인가? 아니다. 5,000만 원 이상 예금했을 때 만약 예금을 받은 금융기관이 부도가 나거나 하면 원금 손해가 날 수 있다"고 말했다. 일반적으로 원금을 지키는 데만 매달리는 투자자들이 평균 이상의 이익을 내는 데 더 관심을 가져야 한다는 의미로 받아들여진다. 그는 이어 "주식의 과거 10년간 평균 수익률이 10%였다고 하면 항상 매년 10%의 수익을 보장한 것은 아니다. 위로 더 올라갈 때도 있고 아래로 더 내려갈 때도 있다. 위험에 대한 인식을 전환하면 투자하지 않을 거라고 생각했던 것도 투자할 수 있다"고 설명했다.

아직까지 저금리 시대의 종식이 완전히 이뤄지지 않고 문재인 정부 출범으로 어수선한 이 때 그가 꼽은 유망 상품은 무엇일까. 김 팀장은 "어려울수록 기본으로 돌아가라. 그래서 글로벌 자산배분펀드에 관심을 둬야 한다"고 말한다. 글로벌 주식보다 높은 수익이 나오고, 변동성은 더 낮은 상품으로 지난 과거 1년간 수익률을 보면 9.33%, 3년간 연평균 7% 정도의 수익률을 보였다고 설명했다. 글로벌 자산배분펀드의 경우 전 세계에서 유망자산에 적절히 배분해 투자하다 보니 크게 손실을 보지 않고 안정적인 수익률을 유지했다는 것이다.

보험연계증권ILS도 추천했다. 보험사들은 큰 규모의 보험인 경우 일반적으로 코리안리와 같은 재보험사에 재보험을 들고 위험을 회피한다. 쉽게 말하면 막대한 보험금을 지급할 수 있기 때문에 보험사도 재보험사에 보험을 들어 놓는다는 것이다. 하지만 자본시장에서 발행된 보험연계증권을 통해 재보험에 드는 효과를 내는 경우도 있다. 만약 재해가 발생해 보험금을 지급해야 하면 이 증권을 산 투자자들이 보험금을 내줘야 해 손해를 입지만, 그렇지 않을 경우는 보험사로부터 거둬들이는 보험료로 수익을 올릴 수 있는 구조다. 국내 투자자들에게는 생소하지만 선진국에서는 이미 잘나가는 상품이다. 김 팀장은 "2002년 이후 지난 14년간 연간 투자 손실을 기록한 해가 존재하지 않을 정도로 위험이 낮은 상품"이라고 소개했다.

인도네시아의 MMF(단기금융상품에 집중 투자해 단기 실세금리의 등락이 펀드 수익률에 신속히 반영될 수 있도록 한 상품)펀드도 주목하고 있다. 환율에 대한 위험은 감안해야 하지만 현재 역사상 최저점에 있기 때문에 더 떨어질 위험은 적고, 달러 가치가 떨어지면 신흥국 통화 가치도 올라간다는 점에서 더욱 추천하는 상품이다. 약 3조 원 규모의 시장을 가지고 있는 인도네시아 MMF는 국내와의 금리차이로 인해 국내 MMF 대비 높은 수익률을 올리고 있다고 말한다. 국내 MMF가 연간 약 1.1%의 수익률을 올리는 반면 인도네시아 MMF는 약 6.1%의 수익률을 기록하고 있다고 김 팀장은 설명했다.

초보 투자자라면 재테크에 대한 기본자세를 배우는 것도 필요하다. 소위 '돈 좀 벌었다'는 부자들이 어떻게 하는지 살펴보는 것도 중요한 공부다. 물론 일반인 입장에서 부자를 만나기도 어려울 뿐더러 이런 사람을 만나 '당신은 어떻게 돈을 벌었나요'라고 물어봤다고 하더라도 부자가 제대로 된 방법을 설명해줄리 만무하다. 이럴 경우 필요한 사람이 바로 그런 부자들을 오래 지켜봐 왔던 PB들이다.

정기적으로 투자 포트폴리오 재점검하라

머니쇼에 연사로 나선 정영희 KB국민은행 부산PB센터 PB팀장은 이같은 부자들의 이야기로 강연을 시작했다. 그는 "고객들과 오래 알고 지내는 동안 투자자들은 정말 안 입고 안 쓰고 안 먹고 하면서 상태를 유지하고 있구나 하는 생각이 든다"고 말문을 열었다. 그가 본 부자들은 일단 자산 증식 방법에 대해 많은 시간을 투자하고 연구하며, 어떤 방법을 찾아내면 즉시 실행에 옮겼다. 세무 정보에 가장 민감하고 불필요한 지출을 너무도 싫어하는 게 부자들의 습성이다. 아침에 일어나서 가장 먼저 하는 일이 경제지를 보는 일이며 상당수 고객이 경제신문 하나는 정독을 하고, 시간 여유가 되면 종합지 하나를 더 보는 정도다.

통상 금융자산이 10억 원 이상(국내 투자자들 대부분이 부동산에 투자하고 있음을 감안하면, 금융자산 10억 원 이상을 가졌을 경우 부자로 볼 수 있다는 게 통상적인 견해다)인 부자들은 전국에 얼마나 될까. KB국민은행에 따르면 2015년 말 기준 21만 명 수준으로 보고 있다. 이 중 서울·경기 지역이 약 70% 가까이 차지하고 있다. 정 팀장은 "부자들 또한 부동산에 자산의 절반 정도를 투자하고 있다. 하지만 금융자산이 늘고 있는 추세고 투자수익률이 많이 떨어지고 있는 부동산 비중은 점점 줄어들고 있다. 현금과 같은 안전자산에 일정 금액을 놓고, 나머지 여유자금으로 주식·펀드·신탁 등 투자수익을 올릴 수 있는 곳에 투자하고 있다고 볼 수 있다. 특히 금융자산 보유 규모가 커질수록 안전자산은 점점 줄어들고 주식이나 펀드·신탁 등의 투자자산 비중이 늘어나는 걸 알 수 있다. 중위험·중수익 신탁이나 파생상품으로 재조정해나가고 있는 추세다"고 설명했다.

최근 자본시장연구원의 자료에 따르면 연령대별 주식보유 비율은 60대 이상이 35% 정도로 가장 많다. 30대는 5%도 안 된다. 이는 60대 이상이 위험자산에 투자해도 좋을 만큼 여유자산을 가지고 있거나, '자

| 최근 자산가들의 동향을 설명하는 정영희 KB국민은행 부산PB센터 PB팀장

산을 증식할 수 있는 시간이 많이 없다'는 생각 때문에 그런 것 같다고 정 팀장은 설명한다. 또 "글로벌 투자자들 또한 금융자산이 커질수록 위험 감내 수준도 높아지는 추세"라고 설명했다. 부자들이 예·적금, 연금보험, 저축보험과 같은 안전자산에만 투자하는 게 아니라는 말이다. 새로운 투자처를 계속 발굴하고 전문적인 관리를 받길 원하는 게 부자들이다.

고객이 처음 상담하러 오면 그는 가장 먼저 다음 두 가지를 질문한다. "원하는 관리자산 수익률은 몇 프로인가? 운용 가능한 기간은 얼마나 되나?" 자신의 투자 성향을 먼저 파악해야 한다는 것이다. 일단 설문을 하면 90% 이상이 안정형으로 나온다. 기대수익이 높으면 감내할 수 있는 위험도 높아야 한다고 말하지만 고객들은 거의 받아들이지 않는다. 이 같은 자세가 갖춰지지 않으면 당연히 제대로 된 자산관리를 할 수 없다.

그는 고객들에게 추천하는 상품을 운영기간별로 나눴다.

먼저 언제든 인출 가능한 비상자금의 경우 MMF나 CMA(종합자산관리계좌) 등 연 1% 내외의 수익을 기대할 수 있는 상품에 넣어둔다. 말 그대로 '쌈짓돈' 관리다.

1년 이내의 단기자금은 연 2~3% 수익률을 노릴 수 있는 기업어음CP, 전자단기사채ABSTB, 지수연계DLS(파생결합증권. 파생상품을 기초자산으로 해서 정해진 조건을 충족하면 약정한 수익률을 지급하는 상품) 등에 넣어 둔다. 1~3년 정도 쓸 수 있는 중기자금은 배당주펀드나 채권형펀드, 주가연계증권 ELS에 투자하고 3년 이상 투자할 수 있는 장기자금은 연 4~6% 정도의 수익률을 목표로 해외주식투자전용펀드, 글로벌배당인컴펀드, 달러형 ELS, 부동산펀드, 국내주식형펀드 등에 투자할 것을 권한다. 10년 이상 노후자금은 세제적격연금저축이나 연금보험, ELS변액보험, 글로벌채권 투자변액보험 등을 추천했다.

정 팀장은 정기적으로 투자 포트폴리오를 재점검해서 조정(리밸런싱)할 필요가 있다고 강조한다. 리밸런싱을 할 때는 자산현황, 투자시장 및 상품성과 등의 세 가지 기준으로 자산을 점검할 것을 권했다.

한국 주식 시장 지금이라도 들어가야

우리은행 자산관리컨설팅센터의 조현수 팀장은 헝가리에서 태어나 유럽 전역에서 활동한 투자 대가인 앙드레 코스톨라니(1906~1999)의 이야기로 시작했다. 주식의 신이라고 불리던 코스톨라니는 35살에 엄청난 부를 형성하고 은퇴한 사람이다. 18세부터 증권 투자를 시작해 70년이 넘도록 70개의 글로벌 증권시장에 투자했다. 조 팀장은 "이 투자 대가가 반드시 가져가야 하는 네 가지 요소를 말했다. 남의 돈이 아닌 자신의 돈으로 투자해야 하고, 남의 말을 듣고 따라하지 말고 자신의 생각을 가져야 하며, 인내해야 한다는 것이다. 마지막으로 운이 따라줘야 돈을 벌 수 있다고 말했다"고 설명했다.

조 팀장은 "저금리 시대에는 부동산을 매수하고 채권은 팔아야 하지만 지금은 확실하게 금리 저점을 찍고 상단으로 올라가는 시점이다. 이 때 바로 주식을 매수해야 한다. 이미 조금 늦었을 수도 있지만 지금 기준으로 전 세계 지표를 보라. 마이너스 지표가 없다. 15%에서 많이 오르면 30%까지 올랐다. 한국 시장도 올라가고 있다. 지금 주식을 사야 될까 말아야 될까 고민하고 있다면 일단 투자하는 게 맞다고 본다"고 말했다. 금리 상승기에 위험자산에 대한 투자를 미리 했어야 하지만 지금도 늦지 않았다는 뜻이다.

조금씩 움직이는 금리가 더 올라가면 어떻게 해야 하는가. 조 팀장은 "이 때는 주식을 팔아야 하는데 남들보다 조금 더 빨리 팔아야 한다. 별별 사람들이 주식에 관심을 갖기 시작하면 오를 때마다 팔면 된다. 금리

| 한국 주식 시장에 투자 권하는 조현수 우리은행 WM그룹 자산관리컨설팅센터 팀장

가 정점에 이르렀다 싶으면 예금을 했다가 다시 팔아서 채권을 매수하면
된다. 채권은 금리가 떨어지면 가격이 오른다. 금리에 따른 이 같은 기본
적인 투자 사이클을 알고 응용해서 투자에 임하라"고 전반적인 밑그림
을 그렸다. 그는 이어 "2016년까지만 해도 경기가 안 좋아서 디플레이션
우려를 했지만 지금은 인플레이션 단계인 거 같다. 아직까진 투자하는
게 위험하지 않을까 생각하는 사람이 있는데 투자를 할 사람이라면 조
금이라도 빨리 당겨서 투자하는 게 좋을 거 같다"고 덧붙였다.

조 팀장은 정치적인 리스크를 유의 깊게 지켜보라고 충고한다. 글로벌
경제가 회복기를 지나서 본격적으로 호황기로 가는 상태이지만 북한의
핵 위협, 중국의 사드 보복, 미국의 보호무역주의와 인프라 투자를 통한

경제 활성화 등 여러 이벤트들을 챙기라는 뜻이다.

미국 금리는 우상향으로 상승할 것으로 봤지만 계속 이 같은 방향으로 가기 위해서는 지속적으로 경제지표가 받쳐줘야 한다는 입장이다. 그는 "금리 상승 시 채권은 가격 방어가 안 된다. 마이너스 된다. 특히 만기가 긴 채권을 사게 되면 더 위험해질 수 있다"고 충고했다.

뱅크론펀드(미국의 낮은 신용등급 기업 대출채권) 투자는 2016년에 대박을 기록했지만 2017년은 생각을 돌리라는 주문이다. 현재 수익률은 0.6~0.7% 정도로 낮아졌다는 설명이다. 물론 2016년보다 낮은 수익이지만 '정기예금+α' 정도의 수익을 기대하는 사람이라면 투자할 만하다.

금 투자는 어떨까. 금은 본래 위험자산을 회피하는 투자자들이 대안으로 투자하는 상품이다. 따라서 요즘처럼 금리가 오르면서 위험자산 투자 심리가 확산되면 주목받기 힘들다. 하지만 조 팀장은 "어차피 전체적인 자산에 있어서 항상 강조하는 게 '글로벌 자산 배분'이다. 전체적으로 자산을 배분할 때 주식, 채권, 실물자산 등으로 나누는데 실물자산이 금 투자다. 어느 정도 금 자산을 가져가는 것은 괜찮다. 어느 정도 저평가됐을 때 사야 한다. 일반인들은 골드뱅킹(금통장)이 좋다. 배당소득세를 부과하는 게 잘못됐다는 대법원의 판결이 나와 비과세 상품으로 나왔다. 골드 뱅킹은 환율도 봐야 한다. 골드뱅킹에서 적용하는 국제 금시세가 원달러 환율에 의해 기준 가격이 결정되기 때문이다. 따라서 환율이 떨어졌을 때 매입해야 한다"고 금 투자 방법을 설명했다.

반드시 2017년에 사야 하는 상품도 있다. 비과세 해외펀드(해외주식투자 전용펀드)다. 2017년까지만 가입이 가능한 상품으로 가입일로부터 최대 10년간 세제혜택이 있다. 또 분산투자 차원에서 해외에 달러로 투자하는 역외펀드도 고려할 만하다. 어차피 달러 자산은 가져가야 한다는 생각에서다.

조현수 팀장은 "금리가 올라가고 경기가 좋아진다고 하지만 과거와 같은 고성장은 다시 안 온다. 따라서 예금에만 투자하면 안 된다. 기본적으로 글로벌 자산배분을 통한 분산투자와, 초고령화 시대를 감안해 매달 일정한 소득이 나올 수 있게 하는 투자가 필요하다"고 조언했다.

마지막으로 소득의 30%를 저축하고, 진정한 조언가에게 투자 조언을 듣고, 일확천금을 노리는 투자는 금물이며, 리스크 관리를 하고 자신이 잘 알지 못하는 곳에는 투자하지 않는 투자 철학을 지킬 것을 권했다.

증권사 PB들은 이렇게 말한다

미국보다는 유럽 주식에 주목

큰 병에 걸린 사람은 용하다는 의원 여러 곳을 찾아다닌다. 의사마다 해법이 서로 다를 수 있고, 그 와중에 자신에게 맞는 치료법을 찾을 수 있기 때문이다.

재테크 또한 마찬가지다. 한두 사람의 의견만 들어서는 정확한 판단을 하기 힘들다. 자칫 잘못하면 '몰빵' 투자를 하기 쉽고, 나중에 크게 후회할 일이 생기기 마련이다. 재테크 역시 발품을 판 만큼 수확하기 마련이다.

이 같은 차원에서 지금까지 은행 대표 PB들과 재테크 상담을 했다면,

이번에는 국내 최고 증권사들인 미래에셋대우, NH투자증권, 한국투자증권에서 '잘나가는' PB들의 이야기를 한번 들어보자. 증권사라는 특성상 보다 공격적인 투자 방법이라는 점은 감안해서 들을 필요가 있다. 하지만 이들도 마냥 공격적이기보다는 분산투자를 강조하는 게 최근 트렌드다.

2017 서울머니쇼에 국가대표 PB 릴레이 특강에 나선 신황용 미래에셋대우 압구정WM 선임매니저는 "공격형 투자자든 안정을 추구하는 투자자든 상관없이 글로벌 자산배분은 기본이다. 위험자산을 선호하는 2017년 상반기 투자전략을 유지하면서 전술적인 대응을 위해 단기자금과 국내 채권 일부를 미국 외 위험자산으로 재분배하는 게 필요하다. 고수익형 투자자의 경우 전체 투자자산 중 위험자산 비중을 52~85%, 중수익형은 40~63%, 안정형은 13~37% 정도 가져가면 좋을 것 같다"고 말했다.

우선 고수익형 투자자의 경우 국내와 미국 주식, 유럽·일본 주식, 신흥국 주식·부동산, 하이일드 채권, 신흥국 채권, 선진국 채권, 국내 채권 등의 비중을 골고루 편입하지만 아무래도 주식에 비중을 많이 둔다. 이중에서도 주목할 만한 것은 브라질 채권이다. 고금리에 기준금리 인하 이슈가 있는 국가지만 위험한 투자처라 고수익형 투자자에게 알맞은 상품이다.

그는 "당장 다음 주에 투자한다면 미국보단 유럽에 투자하라. 미국 주식은 너무 올랐다. 유럽 주식들이 좋지만 직접 투자가 위험하다고 생

| 유럽 주식에 대한 긍정적인 견해를 가진 신황용 미래에셋대우 압구정WM 선임매니저

각되면 유럽 펀드에 투자하라"고 설명했다. 또 "적립식으로 길게 퇴직연금식으로 운용한다면 장기적으로는 중국 펀드를 추천한다. 중국 펀드는 많이 오르지도 않았고 말이 많은 시장이지만 길게 보면 나쁘지 않은 시장"이라고 덧붙였다. 하이일드 채권은 경기가 나쁘지 않아 부도 리스크가 줄기 때문에 주목할 만하다는 설명이다.

중수익형 투자자들의 경우 금리 상승기에는 채권 투자 만기 전략을 써야 한다고 강조한다. 신 매니저도 채권 투자를 하지만 예전 금리가 떨어질 때 30~40년 만기 국채에 투자해서 이익을 본 사람들이 꽤 있다는 전언이다. 그는 "(금리 인상 전망이 나오는) 지금 채권 투자는 만기 투자가 기본이다. 채권에 직접 투자할 때 회사채는 3년, 5년 만기까지 가져간다고 보고 투자하라. 채권형 펀드에 가입하려 한다면 채권의 평균 만기가 짧은 것들 위주로 투자하라. 이것이 금리 상승기 때 채권 투자 방법"이라고 설명했다.

브라질 채권이나 러시아 채권은 기본적으로 금리가 높아서 상대적으로 투자하기에 좋지만 이것도 마찬가지로 만기 보유 전략을 쓰라는 충고다. 특히 해외 채권은 환율에 민감하므로 만기가 긴 게 좋다. 만기가 짧으면 단기적인 환율 급등락 때문에 관리가 어렵다는 견해다.

안정추구형 투자자는 당장 현금화할 수 있는 자산을 편입하고 연금자산 위주로 배분을 하면서 위험자산을 줄이면 된다는 설명이다. 은행금리보다 조금 더 금리를 주는 안전자산 위주의 설계다.

신 매니저는 "미국 정책 불확실성과 유럽국가들의 대선 등 일부 리스크 요인에도 불구하고 글로벌 성장률이 안정화되며 주식 시장의 상승세가 보인다. 위험자산에 대한 노출은 미국과 유럽 통화정책 정상화 시점을 봐가면서 제한적으로 유지할 필요가 있다"고 설명했다. 그는 이어 "전반적으로 미국 대비 주가 부담이 낮으면서도 경기회복, 재정 지출 확대 여력, 유로화 저평가 매력이 있는 유럽 비중을 늘리는 게 좋을 듯하다. 또 달러 대비 신흥국 통화 강세 추세에 주목해 신흥국 주식에 관심을 가지고 아시아 수출국에 대한 비중도 확대할 필요가 있다"고 말했다.

그는 투자 유망한 해외 주식형 펀드로 AB미국그로스증권투자신탁(최근 1년 수익률 11%), 미래에셋미국블루칩인덱스증권투자신탁1호(1년 수익률 13%), 슈로더유로증권자투자신탁(1년 수익률 12%), 미래에셋유럽블루칩인덱스증권자투자신탁1호(1년 수익률 9%), 미래에셋인도중소형포커스증권자투자신탁1호(1년 수익률 43%) 등을 꼽았다.

해외 자산투자 적극적으로 나서야

두 번째 강사로 나선 NH투자증권 프리미어블루 강북센터의 김진곤 상무는 1998년부터 삼성증권에 근무하면서 국내 주식 시장을 봐왔다. 이후 미국 대형 증권사였던 메릴린치증권의 서울 지점에서 10년 넘게 근무하면서 외국인들의 시각과 국내 투자자들을 지켜봐온 베테랑 PB다.

김 상무는 "한국 경제 성장률은 선진국으로 갈수록 하향 안정화되고 있다. 성장률이 떨어져서 국내 10년 국채금리는 2.29% 수준이다. 은행 금리도 2%가 안 된다. 미국 국채 10년물도 2.4% 정도다. 이 같은 상황에서 한국 국채와 미국 국채 중 어떤 것에 투자할 것인가. 이제는 원화로 재테크하는 시대는 지났다. 미국은 실질금리가 우리보다 높다. 미국은 이미 기준금리를 올렸고 계속해 올릴 것이다. 최소 2~3번 올릴 것이라는 게 대체적인 관측이다. 물론 2018년 금리를 더 올릴 가능성이 있다. 이런 상황에서 국내 1년 만기 정기예금과 채권상품에 투자해야 할까. 당연히 포트폴리오를 다변화해서 다양한 해외 통화에 투자하는 것이 필요하다. 저성장과 아직까지는 저금리인 상황에서 효과적인 포트폴리오를 구축하려면 해외 금융상품으로 다변화하는 수밖에 없다"고 해외 투자에 대한 중요성을 강조했다.

| 해외 자산투자의 중요성을 강조하는 김진곤 NH투자증권 프리미어블루 강북센터 상무

코스피는 2011년 4월부터 지금까지 6년간 박스권이었다. 어떤 사람은 차화정(자동차·화학·정유 주식)으로 돈 벌었고, 아모레퍼시픽으로 돈 벌었지만 펀드·주식으로 돈 번 사람은 거의 없다. 코스피는 올랐는데 실제 많은 사람들이 갖고 있는 코스닥 주식들은 수익률이 별로다. 개인이 많이 거래하는 코스닥은 약 8년간 횡보했다. 그러다 보니 저 기간 동안 많은 사람들이 손실의 아픔을 겪었다. 코스닥에서 꾸준한 성과를 기대한다는 건 힘들다는 게 김 상무의 시각이다. 이 때문에 우리는 국내 주식인 코스피·코스닥에만 투자해서는 안 되고 이제는 눈을 넓혀 해외 자산투자에 적극 나서야 한다는 지론이다.

유망한 해외 금융상품을 한번 살펴보자. 우선 김 상무는 꾸준한 현금흐름(이자, 배당)을 창출하는 해외 금융상품으로 해외 채권, 시니어론(뱅크론, 저신용 기업에 자금을 빌려 주고 이자를 받는 담보대출 채권), US우선주증권 ETF(미국 우선주 지수의 가격과 수익률 실적에 상응하는 성과를 추구하는 상품) 및 리츠 등에 주목할 것을 주문했다. 성장성이 뚜렷하거나 고배당으로 장기 투자 가능한 해외 주식(예를 들어 미국 존슨앤존슨은 시가총액이 삼성보다 높다)과 호주달러 투자도 유효하게 보인다고 설명했다.

그는 이어 "위험 추구형 투자자들은 탁월한 성장성을 갖는 미국 아마존·페이스북 등 글로벌 대표 IT 주식이나 중국의 대표적인 소비·식음료 내수주, 환율변동위험이 있지만 고금리와 비과세 혜택을 노릴 수 있는 브라질 국채BRL 등에 대한 비중확대 전략이 유효하다"고 말했다. 단기투자처로는 유럽 주식형 펀드(프랑스 선거 이후 유럽 관련 자산 재조명 예상) 및 국내 중소형주 펀드(문재인 정부 출범 이후 경기부양 효과 기대)를 꼽았고 중장기 투자처로는 미국 채권 ETF 및 블랙록 글로벌자산배분펀드 등을 유망하게 봤다.

김 상무는 해외 투자를 할 때 가장 중요한 변수로 '환율변동 위험'을 고려해야 한다고 강조했다. 해외 투자는 국내자산(금융상품 및 부동산)을 포함한 전체 포트폴리오 중 하나로 투자하는 것이 바람직하다는 생각이다. 그는 "가급적 환율변동 리스크를 고려해 선진국 통화 위주로 포트폴리오를 짜는 것이 바람직하다"고 설명했다. 또 세금문제를 간과해선 안 된다. 해외 주식은 연간 실현된 양도손익 통합분에 대해 22% 세금이 발생한다. 이밖에 투자 관련 정보에 대한 접근성이 국내 투자보다 떨어질 수 있기 때문에 본인이 잘 아는 해외 분야에 투자하는 것이 바람직하다는 견해다.

공격적 투자자는 브라질 채권 분할 매수

마지막 연사로 나선 정세호 한국투자증권 분당PB센터 수석팀장은 경제 관련 케이블TV 방송에 자주 나와 주식 투자법을 전수하고 있다. 동양증권(현 유안타증권), 이트레이드증권(현 이베스트투자증권), SK증권 등 실전주식 투자대회 입상 경력이 다수 있을 정도로 실전에 강한 사람이다. 2011년, 2015년, 2016년에 한국투자증권 최우수 PB에 선정되는 등 고객들에 대한 투자 컨설팅 능력도 입증된 한국투자증권의 최고 PB라 할 수 있다.

그는 최근 시대 변화에 따른 자산관리의 패러다임 변화부터 강조했다. 정 팀장은 "지금은 100세 시대이며 저성장 시대이다. 이에 대한 자산관리 패러다임 변화가 필요하다. 고령인구가 증가하고 수명이 연장되면서 노후에 안정적인 현금흐름이 중요해진 시점이다. 2000년 고령화사회에 진입했는데 2018년에는 고령사회, 2026년엔 초고령사회(65세 이상 인구가 총인구 중 차지하는 비율이 20% 이상) 진입이 예상된다. 총 인구는 2037년을 정점으로 감소 추세가 예상되고, 65세 이상 인구 구성비는 2060년 40%를 넘어설 것으로 전망된다"고 설명했다.

특히 우리나라 노인 절반이 국민 중위소득(총가구 중 소득 순으로 순위를 매길 경우 정확히 가운데를 차지한 가구의 소득)의 50% 미만 소득으로 살아가고 있다는 데 주목할 필요가 있다. 한국 노인들은 국민연금 지급률은 낮고 퇴직연금도 일시에 찾아 사용하기 때문에 노후 현금 흐름이 부족하고 여기에 질병이나 부상 등으로 고통 받는 노인도 많다는 설명이다. 우리나라 연금 소득 대체율(연금액이 개인의 생애평균소득의 몇 %인지 보여주는 비율)은 39%로 OECD 평균(57.6%) 대비 낮은 수준이다. 연금 소득 대체율이 높은 국가는 당연히 노인들의 삶의 만족도가 높다.

이 같은 상황이라 소득 공백기엔 연금저축계좌 등 사적 연금을 활용해 노후 준비를 해야 한다고 정 팀장은 주장한다. 아직까지 저금리 상황에서 금리 연동형 상품으로는 자산을 늘리기 어렵다. 연간 수익률 2% 가정 시 1억 원을 두 배로 불리는 데 걸리는 시간은 36년이나 된다. 반면 수익률 5%일 경우는 14년이다. 지금과 같은 저금리 상황에서는 예금 상품 투자가 대안이 될 수 없다는 것이다.

문제는 또 있다. 2014년 말 기준 한국은행 자료에 따르면 우리나라 가계들은 금융자산의 42%를 통화와 예금, 31%는 보험 및 연금에 투자하고 있다. 저금리 상품에 70% 이상을 투자하고 있다는 것이다.

이 같은 문제를 극복하기 위해 정세호 팀장은 우선 생애주기에 맞춰 라이프 플랜을 세우라고 강조한다. 연령대별 투자전략을 세워 자산과 부채에 맞게 재테크 전략을 짜는 게 중요하다. 특히 다양한 자산에 분산 투자해야 한다. 그는 "자산배분 효과는 이미 입증됐다. 과거 18년간 주요 자산별 성과 추이를 보면 자산배분의 전 기간 누적 수익률이 156%,

| 연령대별 투자전략 강조한 정세호 한국투자증권 분당PB센터 수석팀장

글로벌 채권 138%, 미국 주식 111%, 이머징 주식 92%, 유럽 주식 48%, 일본 주식 32%다. 자산을 잘 섞어 투자했을 때 훨씬 수익률이 높았다는 것이다. 글로벌 연기금들 역시 국내외 주식, 채권, 대체투자 펀드에 분산 투자한다. 또 적립식 투자를 활용해 투자시기를 분산해도 된다. 투자시기를 분산함으로써 주가가 상승하는 시점에는 적은 수량의 주식을 매입하고, 하락하는 시기에는 많은 수량의 주식을 매입한다. 가장 저점에서 주식을 매수하는 것은 아니지만 위험을 줄일 수 있다"고 설명했다.

아무리 공격적인 투자자라도 최대한 손해를 보지 않는 투자가 중요하다. 정 팀장은 적절한 시기에 가지고 있는 자산을 매도하지 못해 소위 '물리는' 경우를 많이 봐왔다. 그는 "주식 시장에서 낙관론이 많다. 우리나라 시장이 좋다고 하지만 실제 지금 기업실적이 개선된 업종은 은행 정도다. 삼성전자·SK하이닉스가 주도하고 있는 반도체가 좋다고는 하지만 사이클 산업이다. 사이클은 언젠가는 꺾인다. 그래서 안전자산과 위험자산에 자산을 배분해야 하고 달러는 박스권 트레이딩(저점에서 매수하고 고점에서 매도)해야 한다. 금도 분할매수와 분할매도를 반복하며 잃지 않는 투자를 해야 한다. 국내 배당주 및 대형가치주, 해외는 선진국과 인도·중국에 분산투자, 해외 채권은 금리 인상에 대응할 뱅크론과 하이일드 채권 투자, 국내 채권은 물가연동 국채 등을 긍정적으로 본다"고 말했다. 그는 이어 "고수익을 추구하는 투자자라면 국내나 해외 주식이 상승할 때마다 비중을 축소해 현금을 확보하고 이 자산으로 브라질 국채 등을 분할매수하는 방법도 고려할 만하다"고 밝혔다.

PART. 5

노후준비와 종잣돈 마련,
절세 노하우

Chapter

01

눈앞에 온 '100세 시대'
노후준비 전략

노후준비는 목돈이 아닌 연금이어야!

재테크의 목적은 여러 가지가 있다. 대체적으로 이전까지 많은 사람들은 부자가 되기 위해 돈을 모은다고 했다. 하지만 100세 시대가 눈앞으로 성큼 다가온 요즘에는 노후를 위한 재테크가 필수다. '준비되지 않은 100세 시대는 재앙'이라는 말이 있듯이 60대 은퇴 이후 40년 동안은 나를 먹여살려줄 든든한 자금줄이 필요한 것이다.

사회에 이제 막 첫발을 내딛은 '사회초년생' 또한 그에 맞는 재테크 비법을 터득해야 한다. 술자리에서 농담 삼아 하는 '너는 입사한지 10년이 됐다는데 왜 그렇게 돈을 못 모았냐'는 등의 핀잔이 다 첫 단추를 잘못

끼웠기 때문에 나오는 얘기다.

이번 장에서는 든든한 노후를 위한 준비, 사회초년생을 위한 재테크 방법, 재테크 절세기술 노하우 등 다양한 연령층에 맞는 비법과 일반인들이 놓치기 쉬운 재테크 방법에 대해 짚어보겠다.

'눈앞에 온 100세 시대 노후준비 전략'이라는 제목으로 2017 서울머니쇼 강연에 나선 이영주 맨앤컴 재무설계 강남본부장은 서강대 경영학과를 졸업하고 국제공인재무설계사CFP 자격증을 가진 재무상담 전문가다. 수차례 방송출연과 함께 수많은 대기업 강의를 진행하면서 직장인들에게 노후준비의 필요성을 강조해온 사람이다.

이 본부장은 "사람들은 누구나 노화라는 병에 걸린다. 판단력, 기억력 등이 흐려지게 마련이다. 앞으로는 직업 없이 고독하게 지낼 기간이 최소 30년 이상 될 것이다. 사람들은 학교에 다니면서 20년 동안 준비하고 겨우 20~30년 사회생활 하는데, 일 못 하는 노후 기간은 최소 30~40년이다. 30년이란 노후 기간을 은퇴 직전 3개월 안에는 절대 준비 못 한다"며 하루라도 빨리 노후준비를 하라고 강조한다.

그는 '재산財産'이라는 한자의 의미를 설명했다. 한자어로 재물 '재'와 생산 '산'을 합쳐서 재산이라고 하지만 은퇴를 하면 생산은 사라진다. 재물만 남는다. 이렇게 되다 보니 사람들은 병에 걸리고 외롭고 심심해진다는 것이다. 결국 노후를 준비하려면 '재물'이 아니라 '생산'을 준비해야 한다. 평생 소득이 끊이지 않는 방안을 고민해야 한다는 뜻이다.

공무원들은 은퇴하는 시점의 퇴직금을 '매달 연금으로 받을까 일시

| 연금 통한 노후준비를 강조하는 이영주 맨앤컴 재무설계 강남본부장

급으로 받을까' 고민한다. 이때는 당연히 연금으로 받아야 후회가 없다. 일시급으로 받으면 무조건 불행해진다. 두 명의 할머니가 있다고 하자. 한 할머니는 평생 모은 재산 10억 원이 있다. 두 번째 할머니는 연금에 가입해서 평생 월 500만 원이 나온다. 여러분은 누가 부러운가. 맞다. 두 번째 할머니가 모두 부러울 것이다.

이 본부장은 "부패를 저지른 정치인 A씨가 모든 걸 다 뺏겨도 한 가지 절대 내놓기 싫어하는 재산이 있다. 바로 한 생명보험회사에 가입한 연금보험이다. 한 달에 1,200만 원이 나온다. A씨는 수많은 재산 중에 이 연금만큼은 뺏기지 않으려고 한다"며 노후에 고정적인 수익의 중요성을 설명했다.

한 어머니가 평생 모은 10억 원이 있다. 어머니가 살아계시면 병원 돈이고 돌아가시면 내 돈이다. 2017년 어머니가 돌아가시면 10억 원 받는데 2018년이 되면 병원비 때문에 6억 원밖에 못 건진다. 이 돈 때문에 결국 자식은 불안해진다. 실제로 우리나라의 수많은 패륜범죄에 공통적으로 포함된 원인이 바로 목돈이라고 이 본부장은 설명한다.

그는 "노후준비 수단으로 각광받고 있는 연금이란 상품은 나온 지 30년 좀 넘었다. 과거 조선시대, 고려시대에도 노후는 있었다. 이때는 노후를 지켜주는 생산 요소가 바로 땅이었다. 지금도 시골에서 농사짓는 분들은 노후 걱정을 안 한다. 반면 지금 여러분들은 대부분 노후 걱정을 한다. 땅이 투기의 대상이 됐기 때문"이라고 말했다.

노후를 준비하려면 지금껏 쌓은 '재'를 꾸준한 소득이 나오는 '산'으로 바꿔야 한다. '재테크'를 '산테크'로 바꿔야 한다는 의미다. '당신은 평생 할일과 평생 소득이 준비돼 있습니까?'라는 질문을 스스로에게 던져가면서 노후를 준비하라고 이 본부장은 강조한다.

젊을 때는 인정받지 못하지만 평생 할일이 있어서 좋은 직업도 있다. 바로 모범택시 기사다. 부부싸움하면 일하러 나가면 된다. 운동도 되고 건강에도 좋다. 이 본부장은 "나이 들면 골프, 문화센터 이런 것보다 옆사람들하고 얘기하고 술 먹고 노래하는 게 가장 좋다. 노인 홍보관에 가보면 이 활동들을 다 할 수 있고 일단 재미있다. 젊은 사람이 가도 재밌다. 여러분도 나이 먹으면 다 가게 돼 있다. 애들 학원 가듯이 여러분도 친구 따라 가게 돼 있다"며 노후를 재밌게 보내는 방법도 소개했다.

할아버지들을 위한 얘기도 꺼냈다. 할아버지들의 노후 자산을 위협하는 두 요소가 있다. 바로 자식과 꽃뱀이다. 은행에 젊은 여자랑 같이 들어오는 할아버지들이 많다. 돈을 뺏기는 건데 너무 즐거워한다. 돈을 다 뺏기면 꽃뱀이 할아버지 안 찾아온다. 웃지 못 할 현실이다.

자산은 노후를 위해서도 중요하지만 자식에게 물려주기 위해서도 중요하다. '자식에게 평생 모은 재물을 물려줄 것인가' 아니면 '생산하는 방법을 알려줄 것인가'. 자녀가 무능하면 재산은 금방 탕진된다. 재물을 물려줘도 능력 없는 자녀는 금방 다 쓴다.

이외에도 목돈을 가지고 있으면 여러 가지 유혹에 빠져든다. 높은 수익률을 올릴 수 있다는 금융사 직원들의 유혹에 재산을 날릴 수 있고, 자식을 아끼는 마음에 호화 결혼식을 준비하고 더 좋은 아파트를 사주느라 많은 돈을 쓸 수도 있다. 친구나 지인으로부터 '돈 좀 빌려달라'는 요청도 거절하기 어렵다. 동창 모임에 가면 지금 당장은 든든한 지갑을 믿고 '내가 쏜다'며 괜한 호기를 부리다가 돈을 낭비할 수도 있다. '놀면 뭐 하냐, 사업이나 해보자'는 주변의 유혹에 사업자금으로 날릴 수도 있고, 꽃뱀 이외에도 노인들의 돈을 노리는 사기꾼의 유혹에 빠지기 쉽다. 예를 들어 금융기관을 사칭하는 전화 한 통에 속아 통장에 있는 목돈을 사기꾼에게 고스란히 넘겨주는 식이다.

결국 그가 말하고자 하는 것은 연금의 중요성이다. 지금부터라도 평생 소득을 받을 수 있는 방법을 연구하라고 이 본부장은 말한다.

목돈은 내가 지켜야 하는 것, 연금은 나를 지켜주는 것이다. 목돈을

이영주 본부장이 주장하는 '목돈과 연금의 10가지 차이점'

1. 목돈은 내가 **지켜야** 하는 것, 연금은 나를 **지켜주는** 것.
2. 목돈 가진 사람은 **불안**하고 연금 가진 사람은 **꿈**이 있다.
3. 목돈 가진 사람은 **현재 부자**, 연금 가진 사람은 **평생 부자**.
4. 목돈 가진 사람은 **"왕년에 내가…"**라 하고, 연금 가진 사람은 **"나는 앞으로~"**라 한다.
5. 목돈 까먹는 것은 **한도가 없지만**, 연금은 까먹어도 **한도가 있다.**
6. 목돈을 날리면 **평생 힘들지만**, 연금은 날려도 **한 달만 참으면** 된다.
7. 목돈 가진 사람은 **"호구"**가 되고, 연금 가진 사람은 **"갑"**이 된다.
8. 목돈 가진 노인은 **일찍 가는 게**, 연금 가진 노인은 **오래 사는 게** 자식을 도와주는 것이다.
9. 목돈은 **이벤트**를 준비하는 것, 연금은 **삶**을 준비하는 것이다.
10. 목돈은 **금융자산**이지만 연금은 **사회제도**이다.

가진 사람은 불안하고 연금을 가진 사람은 꿈이 있다. 목돈을 가진 사람은 현재 부자, 연금을 가진 사람은 평생 부자다. 목돈 까먹는 것은 한도가 없지만 연금은 까먹어도 한도가 있다. 목돈은 금융자산이지만 연금은 사회제도라는 설명이다.

금융환경이 변하고 있다. 과거를 보면 금융의 사이클이 보인다. 외환위기 이전에는 금리가 15~20%였다. 이때를 저축의 시대라고 한다. 그다음에 금리가 5%대로 떨어졌다. 이때부터 신조어로 '재테크'가 등장했다. 주식과 부동산의 시대였다. 이제는 관리의 시대다. 지키는 시대라는 뜻이다. 누가 더 위험을 잘 관리하느냐에 따라 달라진다. 위험관리, 자산배분이 핵심 키워드라고 할 수 있다.

이영주 본부장은 "일본은 0.1% 금리를 주는 예금이 특판 상품이다. 지금 1~2% 금리도 낮다고 하지만 이 금리도 못 보는 날이 온다. 결론적으로 확정금리, 비용절감, 현금흐름 3가지 핵심키워드를 명심하면 된다. 우리는 '재'에 집중하느라 '산'을 잊고 살고 있다. 평생 할일과 평생 소득을 준비해야 한다. 이 모든 답은 연금에 있다"고 수차례 강조했다.

회사원 때부터 창업 준비를

'100세 시대 노후전략, 반퇴는 혁명이다'라는 주제로 강연에 나선 명대성 반퇴전략연구소 소장은 이영주 본부장과는 조금 다른 방법으로 노후를 준비하라고 충고한다. 그는 "100세 시대가 도래해 퇴직 이후가 힘든 것은 전 세계적인 공통분모다. 회사 다니면서 창업 준비도 필요하다. 특히 회사가 어려운 상황에 빠져 있을 경우는 더욱 그러하다"고 설명했다.

명 소장은 모 중견그룹 회장 비서실에 있으면서 주요보직을 많이 거쳤고 나름 꿈도 있었다. 하지만 그룹이 2세·3세 체제로 넘어가면서 염증을 많이 느꼈다. 그래서 퇴사했다. 당시 회장과 임원들이 다 말렸다. 그럼에도 뿌리치고 나왔다.

첫 사업으로 식당을 하면서 3억 5,000만 원을 날렸다. 20년 동안의 직장생활을 날려버린 것이다. 초기에는 100평짜리 매장에 손님들이 줄을 섰다. 그런데도 프랜차이즈 본사에서 요구하는 마진이 안 나왔다. 프랜차이즈 중에는 믿지 말아야 할 곳들이 있다는 충고다.

| 이른 창업 준비에 대해 설명하는 명대성 반퇴전략연구소 소장

경기도 양주에서는 아웃도어 대리점을 운영해봤다. 5년 전 아웃도어 대리점이 가장 인기가 많을 때였다. 양주는 인구 대비 상가가 너무 많아 공급 과잉이다. 1~3차 베이비부머 세대가 과잉이라 청년들은 일자리가 없고 은퇴한 중장년층이 일할 자리도 없다. 그렇게 보면 절대 창업해서는 안 되는 지역이었다고 그는 회상했다.

명 소장은 "통계에 따르면 창업 실패율은 74%다. 집계되지 않은 창업자를 포함하면 창업실패율은 그 이상이다. 그럼에도 할 일이 없어 창업으로 몰리는 사람들이 너무 많다"라며 준비되지 않은 창업에 대해 주의할 것을 당부했다.

창업을 한다면 어떤 업종을 해야 할까. 우선 프랜차이즈를 맹신해서는 안 된다. 스스로 업종 등을 철저하게 준비해야 한다. 피눈물 나게 해야 한다는 게 명 소장의 지론이다. 결국 제대로 준비한 사람이 이긴다. 망하지 않는 게 중요하다. 욕심을 부리다 보면 당연히 거쳐야 할 과정을 뛰어넘고 하는 것이다.

명 소장이 주장하는 핵심 포인트는 다음과 같다. 창업을 할 땐 '내가 좋아하는 것'이 아니라 '시장이 원하는 것'을 해야 한다. 입지와 마케팅도 중요하다. 좋은 것을 싸게 주거나 고객을 배부르게 하는 것보다 마케팅이 훨씬 중요할 수도 있다.

Chapter
02

사회초년생·신혼부부 종잣돈 마련법

인생 전체 재무설계표를 짜라

결혼을 준비하는 신혼부부와 새롭게 직장에 들어간 사회초년생은 항상 바쁘다. 신혼집 장만하랴 들어간 회사에 적응하랴 마음은 급하기만 하고, 그러다 보면 벌써 몇 년이 후딱 지나간다. 이러다 보니 젊은 사원이나 부부들에게 "재테크는 잘하고 있나?"라고 질문을 던져보면 "아무 것도 준비하는 게 없다"는 답이 돌아온다. 그냥 '시간이 지나면 돈이 모이겠죠' 하는 눈빛으로 쳐다보면서 말이다.

책을 쓰고 있는 기자도 마찬가지였다. 사회생활을 시작하면 누구도 나에게 '종잣돈은 어떻게 모으고, 신용카드는 어떻게 관리하고, 집 마련은 어떻게 하라'고 설명해주는 사람이 없었다. 그저 '옆 사람들은 뭐하나' 눈치 보면서 적금 한두 개 들고, 친척이 권하는 보험에 가입했던 게 전부였다. 지금 생각하면 그나마 다행인 게 증권부 기자 시절 만났던 증권사 PB가 권한 개인연금에 들었던 것이다. 하지만 일이 바쁘다는 핑계로 사회초년생 때 제대로 된 PB에게 전반적인 재무설계 컨설팅을 받아보지 않았던 것이 후회가 된다. '왜 지금 본 것을 그때는 생각하지 못했을까' 하고 후회하지만, 이미 지나간 시간은 돌아오지 않았다. 그만큼 돈을 버는 시점에서 재테크의 '첫 단추'가 중요한 것이다.

안타깝게도 상당수의 사회초년생과 신혼부부들이 같은 실수를 저지르고 있다. 그들은 은행이나 증권사 PB들을 찾기 전 직장 선후배나 부모님의 추천으로 금융상품에 가입하거나 재테크를 설계한다. '제대로 된 한 수'를 배우지 못하고 있다는 느낌이다.

2017 서울머니쇼에 강사로 나선 성동규 KB국민은행 부천서지점 부지점장은 '사회초년생을 위한 재테크 첫걸음' 강연을 통해 갈 곳 모르는 젊은 투자자들에게 재테크의 길을 제시했다. 지난 2011년 한국FP협회에서 선정하는 '올해의 FP'상을 받기도 했던 그는 2015년에 《사회초년생을 위한 재테크 첫걸음》이라는 서적을 내놓기도 했다.

그는 "제로금리와 100세 시대가 당신을 맞이한다. 예전엔 은행에 돈을 맡기면 자산을 마련하는 데 큰 어려움이 없었다. 이자가 10%씩 되니까 1억 원 만드는 게 어렵지 않았다. 부모님이 살던 시대는 근검절약하면 되는 편한 재테크 시장이었지만, 지금 사회초년생과 신혼부부들은 안 그

| '종잣돈 마련법'을 강의 중인 성동규 KB국민은행 부천서지점 부지점장

렇다"며 사회초년생부터 재테크를 제대로 해야 함을 강조했다.

정기예금 3억 원을 연이율 1.5%짜리 예금에 예치했다고 하자. 1억 원이 2억 원 되는 데 걸리는 시간은 35년 정도다. 저금리 상황에서 실질적인 자산 증대가 어렵다는 뜻이다. 반면 노후에 필요한 자금은 점점 늘어나고 있는 상황이다. 돈을 모으기는 힘든데 나갈 자금은 늘었다는 것이다.

이것을 해결하기 위해서는 저축량을 늘려 자산을 더 크게 증대시키든지, 아니면 높은 수익률로 자산을 늘려야 한다. 하지만 저축량을 늘리는 것은 현실적이지 않은 상황이다. 따라서 저축보다 투자 마인드를 갖는게 첫 번째 바꿔야 할 행동이라고 성 부지점장은 설명한다.

그는 "인생의 시작은 재무설계로부터"라고 강조한다. 어렵게 생각할 필요는 없다. 100세까지 산다고 가정했을 때 생애주기를 살펴보면 여러 가지 중요한 재무 이벤트들이 발생할 것이다.

첫 번째가 결혼 문제다. 그리고 결혼 후 출산, 자녀 양육, 내 집 마련하고 자녀 결혼시키고 노후에 살아가는 것 등 생애주기에 따른 활동에 직접적으로 연관되는 게 돈이다. 이 같은 이벤트들이 있을 때 과연 돈이 얼마나 필요할까. 그리고 어떻게 그 자금을 마련할 것인가. 이런 것들을 고민해야 한다. 그 계획표를 짜는 게 재무설계라고 할 수 있다.

30년간 벌어들일 수 있는 돈은 얼마나 될까. 한국 근로자 평균 연봉(3,250만 원)으로 볼 때 30년간 모을 수 있는 자금은 10억 원이다. 그러면 나갈 돈을 보자. 첫 번째는 결혼이다. 한 결혼정보 업체에 따르면 결혼 자금이 2억 5,000만 원은 든다고 한다. 또 다른 연구기관에 따르면 출생부터 대학 졸업까지 3억 원은 든다고 한다. 자녀 1명 낳으면 최소 3억 원 이상의 자금을 마련해야 한다는 소리다. 노후자금도 생각해보자. 노후에 살아갈 때 기본적인 생활에 들어가는 게 월 200만 원 정도다. 안정적으로 살려면 300만 원은 있어야 한다.

성 부지점장은 "지출에 대한 부분을 생각해보면 기본적인 생활비를 제외하더라도 부족하다는 게 느껴지지 않는가. 그래서 재무설계가 필요하다. 매년 검토해야 한다. 시장 상황과 나의 여건에 맞게 1년에 한 번씩 재무설계를 하고 업그레이드해라. 단 반드시 재무설계는 부부가 함께해야 한다. 사회초년생 역시 인생주기 그래프를 만들고 고민해야 한다"고

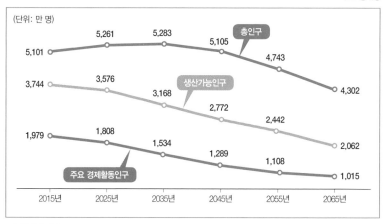

대한민국 인구 변화

자료: 통계청

(단위: 만 명)

- 총인구: 5,101 / 5,261 / 5,283 / 5,105 / 4,743 / 4,302
- 생산가능인구: 3,744 / 3,576 / 3,168 / 2,772 / 2,442 / 2,062
- 주요 경제활동인구: 1,979 / 1,808 / 1,534 / 1,289 / 1,108 / 1,015

2015년 2025년 2035년 2045년 2055년 2065년

※중위 추계 기준

강조했다.

당연한 이야기처럼 들릴 수도 있지만 미래의 준비는 종잣돈으로부터 시작된다. 학업에서 벗어나 직장을 마련하고 소득이 발생하면서 드디어 본격적으로 본인이 주체적으로 준비하는 첫 번째 목표가 대부분 시드머니, 즉 종잣돈이라고 한다.

이게 왜 중요할까. 지금까지는 부모님으로부터 용돈을 받아서 쓰는 생활을 했다. 부담이 없다. 하지만 이제는 내가 돈을 모아야 한다. 해본 경험이 없으니 많은 노력을 기울여 힘들게 모으는 활동이 필요하다. 저축에 대한 습관, 투자에 대한 습관을 키우면서 성취감도 느낄 수 있다.

종잣돈을 마련해야 한다면 어느 정도 모아야 할까. 사람들에 따라 월급의 80%, 50% 등을 말하는데 솔직히 정답은 없다. 여건과 상황에 따라 다르다. 중요한 건 '다다익선'이다. 본인이 모을 수 있다고 생각하는 금액보다 훨씬 높은 금액을 목표로 잡아야 한다고 성 부지점장은 말한다. 어려워야 한다. 힘들게 모아야 한다. 준비해야 한다. 기간은 보통 3~5년 정도가 좋다는 설명이다. 그는 "목표기간이 너무 짧으면 빨리 지치고 너무 길면 힘들다. 적당한 게 3~5년 정도다. 그리고 목표 금액을 정해라. 5,000만 원, 1억 원 등 상징적인 숫자를 세울 필요가 있다"고 말한다.

종잣돈 마련에도 몇 가지 원칙이 있다. 잘 살펴보고 작은 것 하나 지켜가는 것에 따라 본인의 인생이 달라질 수 있다고 생각하고 실천해보자. 일단 담배, 커피 등 소소하게 빠져나가는 돈을 절약해라. 담배 한 갑에 4,500원이다. 이걸 절약하면 한 달에 얼마인가. 작은 시작이 큰 결과를 가져온다고 생각해야 한다.

절약을 이기는 투자전략은 없다. 10% 수익률을 올리는 것보다 10%를 아끼는 것이 훨씬 쉽다. 10% 수익을 내는 건 지금과 같은 저금리 시대에는 최고 수준이다. 또 10% 수익을 지속적으로 내기도 어렵다.

반면 절약은 본인의 의지대로 할 수 있다. 지금 생활하면서 월 10만 원씩 용돈을 줄이거나 생활비를 줄인다고 생각해보자. 리스크가 없는 투자라 할 수 있다. "지금 시장 상황에서 재테크 영순위는 절약이다." 성 부지점장이 힘줘서 강조한 말이다.

종잣돈 모으기는 구체적인 계획과 목표를 세우고 당장 시작하라. 그리고 단기간에 끝내라. 성 부지점장은 "언제까지 무엇으로 얼마만큼의 돈을 만들 것인지 계획을 세워라. 두루뭉술해선 안 된다. 꼼꼼히 목표를 세우는 게 중요하다. 그리고 당장 시작하고 오랜 기간 하지 말고 최대 5년 이내 기간으로 잡아라"라고 설명했다. 또 수익성보다 안정성이 우선이다. 최고의 재테크는 원금을 지키는 것이라는 말이다. 투자했을 때 내목표 수익률에 맞춰 달성해야 한다. 종잣돈의 경우 지금은 안정성을 최고로 해야 한다는 게 그의 생각이다. 종잣돈은 말 그대로 기초자산이되어야 하는 만큼 이 돈을 위험성이 큰 데 투자했다가 날릴 경우 그만큼재테크에서 멀어질 수밖에 없다는 뜻으로 해석된다.

그는 "스마트한 재테크 습관을 키워라"고 강조한다. 재테크는 운이 아니다. 99%가 습관이다. 그 첫 단추는 가계부를 쓰고 소비지출을 파악하는 것부터 해야 한다. 가계부를 쓰는 이유는 수입과 지출을 파악하기 위해서다. 그 지출 속에서 고정지출, 변동지출을 구분하고 새어 나가는 금액을 찾으면서 잘못된 소비습관을 바꿔나가야 한다.

꼭 종이에 안 써도 된다. 앱으로 해도 된다. 성 부지점장은 "중요한 건한 달에 한 번은 가계부에 대해 분석과 점검을 하고 지출을 통제해야 한다는 것이다. 지출에 대한 현황파악부터 하라"고 말했다.

그 다음에는 부모로부터 재무적으로 독립해야 한다. 또 결혼을 하면부부의 통장을 하나로 합치라고 한다. 결혼 후 공동으로 운영하자고 해놓고 각자 생활비를 따로 쓰는 사람들이 의외로 많다. 그는 "통장을 하나로 합쳐야 한다. 함께해야 한다. 맞벌이 하면 많이 벌 것으로 안다. 하지만 들어오는 돈은 많은데 지나고 나면 모은 게 없다고 한다. 외식비,

품위유지비 등으로 많이 나가기 때문이다. 그렇다보니 둘이 벌었는데 모으는 돈은 절대 두 배 이상 안 늘어난다"고 설명했다. 그래서 신혼부부들은 반드시 통장을 하나로 합치고 함께 협의하고 함께 논의해야 한다고 강조한다.

맞벌이를 하면 내가 모을 수 있는 한 최대한 많이 모아야 한다. 집중적으로 말이다. 지금 모은 1,000만 원이 10년 후 모은 1,000만 원보다 많다는 것을 알아야 한다. 성 부지점장은 "재테크 책들 보면 나오는 게 '비상금 통장'이다. 나는 종합자산관리계좌CMA 통장을 반대한다. 내 월급의 비상금을 여기에 넣는다? 이것은 쓰는 것을 전제로 하는 것이다. 안 해도 된다. CMA 계좌 수익률은 연 1.2%에 불과하다. 큰 의미가 없다. 정기예금에 묶어놔도 원금이 안 깨지니 괜찮다"고 말했다.

재테크는 '불편'해야 한다. 어렵고 힘들어야 돈을 모을 수 있다. 이 때문에 강제 저축이 중요하다. 중도해지도 습관이다. 하면 안 된다. 5대 시중은행 예적금 가입자 중 중도해지하는 사람이 37%나 된다. 100명 중 37명이 만기까지 안 가고 예적금을 해지했다는 것이다. 이것은 금융회사들만 배불리는 것이다. 그들은 이자 안 주니까 좋다. 중요한 것은 한 번 중도해지하면 두 번째 깨는 것도 쉽다는 것이다. 이것도 버릇이 되는 것이다. 아무리 힘들어도 깨지 않고 가려는 노력이 중요하다고 설명한다.

그의 경험으로 보면 남자와 여자의 특성이 있다. 여자들은 "내가 어떻게 할까요" 하고 통장을 내민다. 함께 고민한다. 하지만 남자는 통장도 안 가져오고 "일단 해지해 달라"고 한다. 금융회사 입장에서는 이익이니까 당연히 해지해준다. 이러면 안 된다는 것이다.

내 손 안의 작은 은행이라고 하는 스마트폰. 이것을 이용하면 창구 이용을 안 해도 더 높은 수익을 가져갈 수 있다. 수수료나 이율이 가장 비싸고 안 좋은 게 영업점 창구다. 인건비가 많이 들어가니 당연하다. 스마트폰을 이용하라. 주거래 은행을 정하라.

본인을 관리할 직원을 한 명 이상 꼭 정하는 것도 중요하다. 나를 관리하고 나와 함께 할 수 있는 금융동반자를 얻는 게 중요한다. 본인이 금융 전문가가 될 필요는 없다. 대신 나를 지원해줄 수 있는 전담직원이 필요하다. 대신 일방적으로 맡기지 말고 지속적으로 함께할 수 있는 성실하고 믿음 가는 사람, 말이 통하는 사람이 필요하다.

신용카드는 가위로 잘라버려라. 소득공제 혜택? 일반인이 생각하는 것처럼 많지 않다. 그는 "소득공제가 되려면 내 월급의 25% 초과분부터 계산된다. 5,000만 원 연봉 받으면 1,250만 원 쓰는 건 의미 없다. 그리고 혜택 받아도 최대 300만 원이다. 가져갈 돈이 별로 없다. 그걸 혜택 받고자 물건을 막 사기보다는 그냥 쓰지 마라. 충동구매하지 마라"고 당부한다. 신용카드는 가입하면서 현금서비스와 카드론을 기본적으로 연결해 놨다. 금융사들이 이걸로 마진을 많이 얻는다. 신용카드는 금융회사 상품이지 소비자들을 위한 상품이 아니라는 것을 명심할 필요가 있다. 금융사들이 왜 그렇게 카드 가입을 못 시켜서 안달인가를 잘 생각해볼 필요가 있다.

정 카드를 쓰고 싶으면 체크카드를 써라. 하지만 그는 "체크카드도 쓰지 말라고 말하고 싶다"고 한다. 소비습관이 안 잡힌 사람이라면 현금을 쓰는 것이 더 낫다. 현금을 쓰면 일단 불편하다. 불편하니까 덜 쓰게 되는 것은 당연하다. 현금, 체크카드 순으로 사용하고 신용카드는 절대 쓰지 말라는 게 성동규 부지점장의 조언이다.

그는 "최고의 재테크는 대출 상환"이라고 강조한다. 대출은 예금금리보다 이자가 높다. 이 때문에 우선 돈을 갚으라는 것이다. 재테크 활동의 1순위는 갚는 것이다. 직장에 들어가면 마이너스통장을 많이 만드는데, 절대 하지 말라고 신신당부한다. 이런 통장은 만들면 빠져나오지 못 하고 계속 쓰기 마련이다. 그러면 자연스럽게 소비도 늘어난다.

재테크 절세 기술 노하우

직불카드를 사용하라

"세상에서 확실한 것은 죽음과 세금밖에 없다"는 미국 정치가 벤저민 프랭클린의 말이 있다. 세금은 일상과 떼려야 뗄 수가 없다. 하루를 살면서 내는 세금은 부가가치세, 1년을 살면서 내는 세금은 재산세, 주민세 등이다. 내 인생의 전성기를 지나면서 내는 세금은 퇴직소득세다. 생애를 마감하면서 내는 세금은 상속세 등이다. 특히 시간이 지날수록 IT기술이 발달하면서 수많은 정보를 활용해 세금은 더욱 세밀하게 부과되고 있다.

세금과 헤어질 수 없다고 하지만 직장인들에게 세금은 매우 어려운 문제다. 매년 연말정산 시기마다 직장인들의 스트레스는 커지고, 재테크 전문가들이 말하는 절세상품 등은 듣기만 해도 머리가 아프다. 하지만 공부하지 않으면 그만큼 당하는 법이다. 세금을 피할 수는 없지만 최대한 적게 내는 방법은 얼마든지 있다.

2017 서울머니쇼에는 국내 최고 절세 전문가라고 할 수 있는 김근호 KEB하나은행 상속증여센터 센터장이 '100세 시대 행복한 절세전략'이라는 주제로 투자자들에게 절세 비법을 전수했다. 2001년부터 하나은행의 상속증여센터를 이끌어온 사람으로 수많은 방송에 출연해 절세 관련 내용들을 강연하기도 했다.

일단 그는 직장인들이 내는 세금 중 가장 큰 비중을 차지하는 소득세의 구조부터 설명했다. 소득세는 금융·근로·사업·연금·기타소득이 있는 사람만 신고하는 세금이다. 가령 차를 팔아서 이익을 얻는다고 해도 5개 소득에 해당되지 않아 세금을 내지 않는다. 반면 금융소득은 2,000만 원 이상이 되면 소득에 합산해서 과세한다. 대표적인 기타소득인 강연료, 부동산 계약 해지에 따른 위약금 소득도 과세 대상이다. 연간 소득세는 1월 1일부터 12월 31일까지 해당하는 소득을 모두 합산해서 신고하면 5월에 과세가 이뤄진다. 양도소득과 퇴직소득은 종합소득과 합산하지 않는다. 다만 양도소득의 경우 부동산 거래가 한 해 두 번 이상 있었다면 소득세에 합산해서 과세한다.

세금계산 구조를 살펴보자. 근로자의 경우 수익을 창출하기 위한 비용이 회사 돈에서 나가기 때문에 근로소득공제로 임의 공제가 된다. 총 급여에서 근로소득공제를 한 금액이 바로 '근로소득금액'이다. 이것에 소득공제를 하면 '과세표준'이 나온다. '소득금액'과 '과세표준' 두 단어만 기억할 필요가 있다. 과세표준에 세율을 곱하면 세금이 산정된다.

소득공제와 세액공제 중 무엇이 이득일까. 소득공제는 세율을 곱하기 전에 공제하는 것이다. 세액공제는 산출세액에서 공제한다. 소득이 높아질수록 누진세에 따라 많은 세율을 적용받기 때문에 고소득자에게는 당연히 소득공제가 더 이득이다.

고소득자일수록 소득공제가 유리하다면 공제를 받을 수 있는 항목은 당연히 소득이 많은 사람에게 몰아야 한다. 그는 "연말정산 인적공제를 할 때는 일단 십자가를 그려라. 중앙에 본인과 배우자를 그리고, 상하로 부모와 자녀를 그려라. 좌우로는 20세 이하 형제자매와 60세 이상 형제자매를 기본공제에 넣을 수 있다. 인당 150만 원 공제를 받을 수 있고 이에 세율을 곱하면 그만큼 환급받을 수 있다. 인적공제와 관련해 추가로 부녀자 공제, 경로우대 공제, 장애인 공제, 한 부모 공제 등이 있는 것도 참고하라"고 말했다.

장애인 공제와 관련해서는 일반인이 아는 장애인의 범위보다 세법상 장애인의 범위가 더 넓다. 장애인 외에 중증환자(6개월 이상 항시치료 요하고 취업·취학이 어렵다고 판단되는 사람 중 의사 소견서를 받은 사람)도 장애인 특별공제를 받을 수 있다. 2016년 세법 개정으로 상속세와 증여세의 장애인 범위도 확대돼 소득세와 같아졌다. 이 때문에 보험의 경우에는 장애인을 수익자로 하면 연간 4,000만 원 정도 수령하는 금액을 자녀에게 줘도

| '절세 노하우' 전수에 나선 김근호 KEB하나은행 상속증여센터장

상속세가 면제된다. 그리고 장애인 신탁으로 5억 원까지 비과세가 가능하다.

연말정산은 네 가지 테마로 공제한다. 저축, 소비, 의료교육비, 주거가 바로 그것이다. 우선 저축의 경우 퇴직금을 연금 형태로 수령하면 퇴직소득세의 30%를 아낄 수 있다. 노후준비를 위해 퇴직연금으로는 부족하다면 개인연금을 들어야 한다. 개인연금저축, 개인형 퇴직연금IRP 등 상품이다. 세법에 따라 이들 상품은 총 700만 원까지 공제 대상이다. 만약 700만 원을 가입했다면 92만 4,000원(13.2%)을 돌려받을 수 있다. 연봉이 5,500만 원 이하라면 115만 5,000원(16.5%)을 돌려받을 수 있다.

다만 2017년 세법이 약간 바뀌어 연봉 1억 2,000만 원 이상인 사람의 개인연금저축 상품 면세 한도가 300만 원까지 낮아진 점은 체크할 필요가 있다. 물론 이럴 경우에도 IRP를 100만 원 더 넣으면 여전히 700만 원 한도로 절세 혜택을 누릴 수 있다. 시뮬레이션에 따르면 월 60만 원을 매월 불입할 경우, 복리 2.5% 가정 시 20년 동안 1억 8,000만 원이 된다. 얼마 안 되는 돈이라고 생각할지 모르지만 이는 65세 이후 20년간 75만 원씩 수령할 수 있는 금액이라는 설명이다. 여기에 국민연금까지 더하면 노후 준비로 괜찮은 수준이다.

소비 관련 절세상품으로는 신용카드와 직불카드를 비교해볼 수 있다. 총 급여액의 25%를 초과해 카드를 사용하면 신용카드는 15%, 직불카드는 30% 공제해준다. 한도는 300만 원이다. 300만 원 한도까지 공제 받으려면 1,000만 원×0.3으로 계산이 된다. 따라서 김 센터장은 "직불카드를 먼저 1,000만 원어치 쓰고 그 다음부터 신용카드를 쓰는 걸 추천한다"고 말했다. 사업비용, 자동차 구입비용, 보험료, 교육비, 아파트 관리비는 사용금액에서 제외된다. 다만 2017년 새 공제항목으로 중고차 구입금액의 10%를 공제해준다. 또 급여총액 크기에 따라 공제율을 조정하게 됐다.

의료비와 교육비 공제도 체크해보자. 큰 돈 들지 않는 한 절대 받고 싶지 않은 공제 1위가 의료비 공제다. 연봉의 3% 이상이 넘어야 공제를 받을 수 있다. 의료비에도 몸을 업그레이드하는 성형수술 등 미용 목적의 의료비와 수선보수를 위한 지출이 있다. 당연히 이런 것들은 공제가 안 된다.

교육비 공제는 몇 개 항목이 신설됐다. 나이별로 취학 전, 초·중·고, 대학생 세 단계로 나뉘는데 취학 전의 경우 학원비용이 공제된다. 특히 1학년 입학생의 1~2월 학원비를 놓치지 말라고 충고한다. 초·중·고의 경우 체험학습비와 수학여행비 등 학교 주관행사 비용은 사용액의 15% 공제가 된다. 대학생 경우 학자금 중 든든학자금대출 등의 원리금 상환액이 공제된다. 다만 연체금 등은 공제 대상이 아니다

주택 관련해서는 기준시가 4억 원 이하(실제 거래가는 5~6억 정도 될 것으로 예상) 주택 구입 시 대출 상환기간 15년 이상이면 500만 원을 소득공제해준다. 2015년 이전에 주택시장 냉각기로 시장을 활성화하기 위한 정책이었다. 특히 15년 동안 고정금리+비거치 분할상환하면 연 1,800만 원까지 공제해준다.

부동산의 경우 재산세와 종부세는 6월 1일에 부과되기 때문에 매수자 입장에서는 6월 1일 이후에, 파는 사람 입장에서는 6월 1일 이전에 잔금 치르기를 원한다. 임대소득은 기본적으로 과세 대상이다. 보증금은 국세청에서 정한 이자율(2017년은 1.6%)을 수익으로 계산한다. 주택 월세 과세는 2개 이상 주택이 있을 때, 보증금 과세는 3개 이상 주택이 있을 때 한다. 다만 2018년까지는 월세 수익 2,000만 원까지 비과세다. 하지만 가령 월세가 2,400만 원일 경우 부부끼리 나누면 1,200만 원씩 되어 비과세가 된다. 그런데 이 과정에서 취득세 등 다른 세금들이 나온다.

또 기준시가 3억 원, 전용면적 60㎡ 이하인 주택 임대 시 주택전세 보증금에 대해 비과세이다. 겸용주택의 경우 주택면적이 조금이라도 있으

면 주택으로 간주한다. 1세대 1주택자가 겸용주택(1, 2층 상가+3층 주택)을 매각하는 경우 3층만 주택 비과세가 적용된다. 상속주택의 경우 비과세 범위가 점차 줄고 있다. 상속인이 일반주택보다 상속주택을 먼저 파는 경우, 양도당시 2주택자가 된다. 반면 내 집을 먼저 팔면 양도 당시 1주택자가 된다.

Seoul
Money
Show

PART. 6

新 재테크와 자녀 재테크

Chapter
01

로보어드바이저를
이용한 자산관리

수수료 싼 로보어드바이저 활용 자산관리가 대세

이세돌을 꺾었던 알파고가 현 세계 바둑 랭킹 1위인 중국의 커제를 연파하면서 다시 한 번 AI(인공지능)를 비롯한 4차 산업혁명이 주목받고 있다. 사람들은 통상 새로운 것에 대한 거부 반응이 있기 마련이지만 이미 4차 산업혁명은 금융산업 깊숙이 들어오고 있다. 2017년 5월 우리은행에서는 로보어드바이저 실물을 이용한 자산 관리 시스템을 각 영업 현장에 도입한다고 발표했다. 물론 아직까지는 조그만 로봇 하나가 창구 앞에서 간단하게 고객 성향을 파악하고 시장 전망을 하는 정도지만 알파고가 진화했듯 언제 인간을 대신해 모든 사람들의 자산을 관리하는 시대가 올지 모르는 상황이다.

로봇을 이용한 자산관리인 '로보어드바이저'는 로봇Robot과 자산관리사Advisor의 합성어다. 말 그대로 고객의 자산을 로봇이 자동화된 프로그램을 통해 관리한다는 것이다. 이미 국내 우리은행과 같은 은행은 물론 증권, 자산운용사들이 앞 다퉈 도입하고 있는 시스템이다. 상황이 이렇다 보니 고객은 이제 본인의 자산을 인간에게 맡길지, 아니면 로봇에게 맡길지 선택해야 하는 시대가 왔다. 시대가 바뀐 만큼 먼저 공부하고 투자하는 투자자가 성공 확률도 높다. 이미 눈앞에 다가온 로보어드바이저를 어떻게 활용해야 할지 살펴보자. 2017 서울머니쇼에서는 로보어드바이저를 이용한 자산운용 부분에서 업계 선두 주자라고 할 수 있는 쿼터백자산운용 이승준 이사가 연사로 나와 투자자들의 이해를 도왔다.

로보어드바이저는 글로벌 금융의 중심지인 미국에서도 괄목할 만한 성장세를 보이고 있다. 2014년 4월 미국 내에서 로보어드바이저를 통한 운용자산 규모는 115억 달러였다. 하지만 2년도 안 된 2016년 1월 1,490억 달러로 성장했다. 시장의 예상 성장규모는 추정하는 주체에 따라 다르지만 중요한 것은 모두가 높은 수준의 성장을 예상하고 있다는 것이다. 미국의 로보어드바이저는 자산배분을 주요 목적으로 상장지수펀드ETF를 활용한 투자가 많다.

미국에서 로보어드바이저 산업이 급성장하게 된 요인은 밀레니엄 세대, 노령화인구비율 확대, 높은 자산관리 수수료를 꼽을 수 있다. 이 이사는 "미국 내 노령인구 비중은 향후 점차 높아질 것이다. 이들은 은퇴

미국 로보어드바이저 활용 자산운용 규모

자료: 쿼터백자산운용

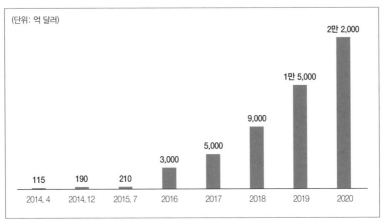

(단위: 억 달러)

2만 2,000

1만 5,000

9,000

5,000

3,000

115   190   210

| 2014. 4 | 2014. 12 | 2015. 7 | 2016 | 2017 | 2018 | 2019 | 2020 |

※2017~2020년은 추정치

후 연금으로 생활을 해야 하므로 자산관리에 대한 수요 역시 점차 많아질 것이다. 반면 미국 내 자산관리 서비스는 고액 자산가 중심으로 이뤄져 있기에 소액 투자자는 비싼 수수료를 감당할 수 없어 직접 투자 등을 통해 상대적으로 고위험·고수익에 노출된 상황이었다"고 설명했다.

이 같은 상황을 로보어드바이저가 파고들었다. 로보어드바이저는 상대적으로 저렴한 수수료를 통해 소액 자산을 운용하는 투자자들에게 진입 장벽을 낮춰주며 중위험·중수익을 추구할 수 있는 투자서비스를 제공했다. 이 결과 풍부한 유동자금(약 2조 달러)이 유입됐고 이것이 로보어드바이저 업계 성장을 견인했다.

앞서 말했듯이 로보어드바이저의 가장 큰 매력은 비용 절감을 통해 상대적으로 저렴한 수수료를 고객에게 제공해 수익률을 개선시키는 것

| 글로벌 로보어드바이저 활용 자산관리 트렌드를 설명하는 이승준 쿼터백자산운용 이사

이다. 쉽게 말해 인건비를 기계로 대체해 줄였다는 뜻이다. 온라인을 통한 고객모집, 상품표준화 등을 통해 인건비 및 채널구축비, 포트폴리오 구축비 등을 절약할 수 있었고 이는 고스란히 고객의 수익증가로 이어질 수 있었다는 게 이 이사의 설명이다.

로보어드바이저 서비스는 여러 가지 방법으로 나눠볼 수 있다. 로보어드바이저는 한국에 소개되면서 미국과 다른 형태로 인식되고 있는 부분도 있다. 이는 규제 환경과 투자자들의 관점 차이가 일부 작용한 것으로 보인다.

미국에서는 온라인으로 제공하는 자동화된 개인 맞춤형 자산배분 서비스에 집중하며 개인들에게 자산관리 개념을 제공할 수 있는 플랫폼 형태로 인식된다. 회사별로 자산관리가 어떻게 다른지에 관심이 집중된다. 반면 한국은 기존 시스템트레이딩과 유사한 형태다. 어떤 투자자산이나 어떤 종류의 자산관리 서비스를 제공하는 것과 별개로 알고리즘을 통한 자산운용을 로보어드바이저로 정의하며 투자대상 자산, 운용전략의 차이와 무관하게 수익률로만 로보어드바이저를 바라보는 경향이 있다.

하지만 이 이사는 "높은 수익률은 반대로 높은 위험을 의미한다. 따라서 고객의 위험을 취할 수 있는 정도와 이에 따른 투자대상 선택, 운용전략 등이 동시에 고려돼야 한다. 시장이 성숙하고 투자자들이 다양한 투자대상을 접하면서 점차 관점이 전환될 수 있다"고 말했다.

로보어드바이저가 미국에서 확대된 데에는 결국 미국의 시장·문화·경제 환경이 중요한 요인으로 작용했다. 이와 마찬가지로 한국에서 로보어드바이저를 보려면 한국의 상황도 같이 고려해야 한다.

한국 투자자들은 국내 주식 시장에서 종목선택에 의한 투자방식을 오랫동안 고수하고 있다. 하지만 이런 투자방식만 고수하는 것이 얼마나 어려운 것인지는 다음 사례를 통해 살펴볼 수 있다.

미국 월스트리트는 전 세계의 고등교육을 받은 투자엘리트들이 모여 일하는 곳이다. 미디어보도에 따르면 월스트리트 증권사 애널리스트들이 추천한 상위 10개 종목의 수익률을 조사해본 결과 2009년에는 22%, 2010년에는 연간 24%를 기록했다. 반면 월스트리트 증권사 애널리스트들이 꼽은 최악의 종목 10개의 연간 수익률은 2009년 70%, 2010년 32%로 강력추천 종목보다 훨씬 높은 수익률을 기록했다. 최고의 인재들이 꼽은 주식이라고는 하지만 주식종목 선택으로 높은 수익률을 거두는 것이 얼마나 어려운지 알 수 있다.

개인들이 스스로 주식종목을 선택하는 것이 어렵다면 한국인들은 펀드를 통해서도 자산관리를 할 수 있다. 그렇다면 한국에서 펀드선택을 통해 투자하는 환경은 어떨까? 이 이사는 "2015년 기준 한국에 설정된 펀드는 1만 3,000개 정도로 펀드설정 수로는 전 세계 1위를 기록하고 있다. 하지만 이 중에서 벤치마크(펀드 설정 시 수익률 비교대상으로 삼는 기준 지표로 예를 들면 코스피 200 등이 있다) 대비 높은 수익률을 기록한 펀드 수는 15% 정도에 불과하다"고 설명했다.

그는 이어 "'계란을 한 바구니에 담지 말라'는 투자격언이 있다. 이는 여러 투자대상으로 포트폴리오를 구축해야 안전하게 자산을 관리할 수 있다는 말이다. 따라서 해외 투자 시 자산배분은 안전하게 자산관리를 하는 좋은 수단이 될 수 있다는 것이며, 한국인들에게 현재 필요한 포트폴리오는 글로벌 자산배분 포트폴리오"라고 덧붙였다.

한국은 인구구조 관점에서 미국 사례와 마찬가지로 고령 인구비중은 점차 증가할 것이고 이에 따라 자산관리에 대한 수요도 늘어날 전망이다. 퇴직연금 도입 의무화 일정도 가속화되면서 신규 적용대상 기업수가 2022년에는 120만 개를 넘을 것으로 전망된다. 이 때문에 연금 운용 수요도 증가하고 있다. 따라서 글로벌 자산배분 포트폴리오의 구성이 더욱 필요하다고 이 이사는 말한다.

투자전략 관점에서 글로벌 자산배분 포트폴리오를 어떻게 볼 수 있을까. 주식 시장에는 이런 격언이 있다. "이익이 증가하는 종목에 장기 투자하라. 그러면 높은 수익률을 거둘 수 있다." 과연 이것이 모든 것을 꿰뚫는 진리일까?

결론은 성장률이 높아도 단일시장투자는 위험하다는 것이다. 중국·한국·전 세계 GDP성장률을 보면 중국은 가장 높은 성장률을 장기간 보여 왔다는 것을 알 수 있다. 앞서 말한 주식 시장의 격언에 따르면 중국에 장기 투자했다면 높은 수익률을 기록하는 게 맞을 것이다.

하지만 2000~2016년까지 경제성장률과 각 지역의 주가수익률을 보면 격언과 다른 사실을 관측할 수 있다. 상하이종합지수와 코스피, 글로벌주가지수의 연평균 수익률을 해당 기간에 비교하면 각각 3.1%, 3.5%, 1.2%를 기록했다. 오히려 코스피가 상하이종합지수 대비 높은 연평균 수익률을 기록했던 것이다.

그렇다면 연평균 수익률이 높은 코스피에 항상 투자하는 것이 정답이었을까? 주식 시장의 수익률은 높은 변동성을 보이며 움직인다. 글로벌 주식 시장 대비 상하이종합지수와 코스피지수의 상대수익률 차트를 살펴보면 어느 한쪽이 계속 우위를 점했다고 보기는 힘든 그림이 나온다. 이 같은 상황은 앞으로도 비슷할 것이다. 이 이사는 "결론은 시장에서 가격이 결정되는 구조는 성장률 외에도 다양한 요소들을 고려한다는 것이다. 시시각각 변화하는 경제·금융시장 환경을 고려해 포트폴리오 내 투자자산을 적절하게 교체해 줘야 한다"고 말했다.

투자자 사이에서는 점차 이 같은 인식이 늘어나고 있었지만 정작 자산배분 펀드는 그동안 인기가 없었다. 이는 자산배분 펀드라는 이름과 달리 실제로는 자산배분이 아닌 종목선택에 의존하고 있었기 때문이라고 이 이사는 설명한다.

그는 "글로벌 자산배분에 효과적인 방법은 상장지수펀드ETF를 활용하는 것이다. 각 국가의 개별주식으로 접근하는 것은 비효율적이다. 코스피 상장기업수만 778개, 코스피 종목수는 990개로 파악되는 가운데 다른 국가들의 증시에 상장되어 있는 종목 수까지 계산하면 그 수는 기하급수적으로 늘어나기 때문"이라고 말한다. 이 때문에 이 같은 ETF에 분산 투자하는 로보어드바이저들을 통한 투자가 우위에 설 수밖에 없다는 설명으로 풀이된다. 물론 개인이 한국과 글로벌시장에서 이 같은 ETF를 적절히 배분해 매매할 수도 있다. 하지만 로보어드바이저를 통해 더 정확한 배분을 하는 매매가 유리할 수밖에 없다는 것이 전문가들의 견해다.

P2P투자 열풍

10% 중수익, P2P대출로 노려라

세월이 흘러갈수록 새로운 금융기법들이 쏟아지고 있다. 물론 새로운 것이 무조건 좋은 것은 아니지만 일단 공부는 해둬야 재테크 흐름에 뒤처지지 않는다. 최근 나온 P2PPeer to Peer대출도 투자자들을 흔들고 있는 아이템이다. 누적 대출금이 2017년 5월 1조 원을 넘어섰다. 투자자 입장에서는 저금리 상황에서 10% 내외의 수익을 올릴 수 있고, 돈을 빌리는 사람 입장에서는 시중 은행에서 문전박대를 당했지만 P2P대출 시장에서는 생각보다는 높지 않은 금리로 돈을 빌릴 수 있기 때문에 인기몰이를 하고 있다.

2017 서울머니쇼에 상담관을 설치하고 참석했던 한 P2P업체 관계자는 "2016년까지만 해도 P2P대출이 뭔지를 묻는 사람이 대부분이지만, 2017년은 각 업체 간 수익률, 연체율 등을 세밀히 비교하면서 따지는 등 투자자들의 관심과 수준이 높아졌음을 체감했다"고 분위기를 전했다.

P2P대출은 말 그대로 개인과 개인 간 돈 거래를 하는 것이다. 이 사이에 온라인 플랫폼을 갖춘 회사가 끼어들어 자금 중개 역할을 한다. 피플펀드, 8퍼센트 등 최근 탄생한 P2P업체들이 이 같은 중개 업무를 하는 이들이다. 이 업체들은 불특정 다수로부터 투자금을 모아 대출을 원하는 사람에게 약속한 기간 동안 이자를 받는 대출 서비스로, 일종의 크라우드 펀딩과 같은 개념이다.

일단 대출 중개업자가 대출을 원하는 이들로부터 대출 신청을 받은 후 적정 금리를 결정해 인터넷 게시판에 올린다. 그러면 투자자들은 이를 보고 투자하는 형식이다. 이후 대출업체는 대출자로부터 매달 원금과 이자를 받아 투자자에게 돌려준다. 요즘에는 통상적으로 10% 내외의 금리를 받을 수 있다.

물론 대출자들이 부도가 나거나 연체를 하면 그만큼 투자자들은 고스란히 손해를 입을 수 있다. P2P업체들은 아직까지 그런 경우는 많지 않다고 하지만 투자자 입장에서는 한국P2P금융협회p2plending.or.kr 등에 고시된 연체율 등을 참고해 중개업체를 잘 고를 필요가 있다. 커나가는 산업은 좋아 보이기 마련이지만 리스크 또한 항상 존재한다는 것을 잊지 말아야 한다.

| 최근 인기몰이를 하고 있는 P2P대출 투자법에 대해 설명하고 있는 김대윤 피플펀드 대표

2017 서울머니쇼에서는 국내 대표 P2P업체 중 하나인 피플펀드의 김대윤 대표가 연사로 나서 P2P투자 활용 전략에 대한 강연을 했다. 과거 소프트뱅크벤처스. 베인앤컴퍼니, 맥쿼리은행 등 글로벌 투자금융사와 컨설팅사에서 일했던 베테랑 금융인이다.

그는 "지난 2010년 미국에서 부동산 담보 P2P대출이 나타났다. 미국에서는 2007년~2017년까지 10년간 굉장히 빠르게 P2P대출이 성장했다. 이렇게 빠르게 성장한 데는 P2P대출에 기관투자자가 참여한 덕이 크다. 신규 투자자의 70%가 기관투자자이며 최근에는 씨티은행, 골드만삭스 등 글로벌 은행들도 P2P대출에 투자하고 있다"고 P2P대출 시장에 대한 글로벌 트렌드부터 설명했다. 그는 이어 "P2P대출은 투자 고객

글로벌 P2P금융 시장 규모(2016년)

미 국	연간 22조 원 (5개 업체 80% 점유)
영 국	연간 5조 원 (5개 업체 80% 점유)
중 국	연간 310조 원 (10개 업체 33% 점유)
한 국	연간 6,000억 원 (10개 업체 70% 점유)

한 명 한 명을 금융기관으로 만드는 서비스다. 4차 산업혁명, 공유경제가 금융에서 똑같이 일어나고 있다고 이해하면 된다"고 말했다.

전 세계적으로 P2P금융 시장을 봤을 때는 연간 340조 원 규모나 된다. 중국과 미국을 중심으로 빠르게 성장하고 있다. 미국은 연간 22조 원으로 5개 업체가 시장의 80% 정도를 점유하고 있고, 중국은 310조 원 규모로 10개 업체가 시장의 33% 정도를 장악하고 있는 상황이다.

한국은 미국과 달리 새로운 금융상품이 나오기 굉장히 어려운 금융 환경이다. 다행히 지난 2014년 5월 금융규제를 개혁하겠다는 어젠다가 등장하면서 이때부터 핀테크 산업이 빠르게 성장하기 시작했다. 최근 금융당국에서 '핀테크 산업 활성화 방안' 등을 발표하면서 그동안 숨죽이고 있던 P2P금융이 급격히 성장하기 시작했다.

현재 국내에서는 P2P협회 가입사만 약 8,700억 원 정도의 투자금을 모집했다. 금융기관들의 시각도 바뀌고 있다. 은행들도 P2P업체와 협업을 시작했다. 은행을 통해 하다 보니 금융사기 가능성은 거의 없어졌다. P2P업체가 한 번에 50억 원 이상의 펀딩을 진행하는 등 규모도 커졌다.

최근 새로운 형태의 P2P업체도 나타나기 시작했다. 부동산을 담보로 한 P2P를 포함해 다양한 상품이 나오고 있는 상황이다.

왜 최근 P2P금융에 돈이 모일까. 일단 안정성이 확보됐기 때문이다. 김 대표는 P2P금융의 연체율은 0.73%에 불과하다고 설명한다. 특히 3개월 이상 연체된 '부실률'은 0.18%에 그친다. 연체율과 부실률이 낮은 이유는 담보 때문이다. 연체되면 담보로 잡은 자산을 처리한다. 이렇다 보니 돈을 빌린 이들이 갚지 않을 수 없게 된다.

환금성도 중요하다. P2P대출은 단기자금을 굴릴 수 있다는 점도 강점이다. P2P상품 평균 만기가 6개월이 안 되는데 이런 상품은 은행에서 찾아보기 어렵다.

수익성도 매우 높다. 중금리 대출에 투자해 10% 이상의 금리를 제공한다. 또 단기 대출 건이 대부분이라 은행 등 기존 금융기관은 취급이 불가능한 대출을 한다.

그는 "대출자 입장에서도 효용성이 높다. 단기대출의 경우 월 1%는 다른 금융기관에 비해 금리가 낮은 편에 속한다. 중도상환 수수료도 없다"고 밝혔다. 투자도 쉽다. 1분 만에 모바일로 가입이 가능하다. 투자도 실제로 해보면 매우 편하다.

하지만 김 대표는 P2P투자 시 꼭 주의해야 할 세 가지는 챙기라고 당부한다. 첫째 투자할 업체를 깐깐하게 선정해야 한다. 기업정보를 투명하게 공개했는지 확인해야 한다. 많은 유령회사가 존재한다.

그는 "투자자들이 보다 쉽게 기업을 고르려면 신문 기사에서 대표적인 업체로 언급되는 기업들을 먼저 살펴보면 된다. 인터넷 검색을 통해서 업체에 대한 부정적 키워드를 검토하는 것도 필요하다. 예를 들면 피플펀드 연체, 피플펀드 부실 같은 식으로 검색해보면 된다"고 말했다.

업체 홈페이지에서 연체율, 부실률, 취급액을 공시하는지도 확인해야 한다. 그리고 스스로 설립한 대부업체가 아닌 제3자의 금융기관을 통해 자금 관리를 하는지 확인해야 한다. 자기가 직접 돈을 관리하는 업체도 있는데 최근 금융당국에서 이것을 금지하기 시작했다. 돈 관리를 위해 지정된 금융기관이 있는지, 홈페이지에 이에 대한 명시가 없다면 전화라도 해서 꼭 확인해야 한다.

P2P금융상품을 선택할 때도 체크해야 할 리스트가 있다. 먼저 연체나 부실이 발생했을 때를 대비한 상환 계획을 봐야 한다. 만기는 1년 미만의 단기 상품을 고르는 것이 좋다. 해당 상품의 상환계획은 꼭 확인해야 한다. 상환계획이 틀어졌을 경우 추가적인 2차, 3차 상환계획도 필요하다. 채권 매각 등 다양한 방법이 있을 수 있다.

담보자산도 필수 체크 요소다. 특히 담보자산의 적정 담보가치를 확인해야 한다. 부동산 담보대출의 경우 해당 담보물에 대한 권리 관계도 확인해야 한다. 등기부등본을 받아봐야 하고 집행주체(신탁)와 관련 계약서에 대한 확인도 필요하다.

김 대표는 "P2P대출에 투자할 때는 여러 업체에 분산투자하는 편이 좋다"고 권한다. 대부분 업체가 월 10~15건의 상품을 판매하기 때문에 충분한 분산 투자가 가능하다. 투자자 입장에서 3개 업체를 기준으로 봤을 때 월 50건, 연간 600건 투자가 가능하다. 건당 20만 원씩 분배해서 투자하는 것이 적당하다는 게 김 대표의 생각이다. 별도의 자금관리를 위한 엑셀파일 등으로 기록하고 상환일정을 관리하는 것도 필수라고 김 대표는 설명했다.

Chapter

03

잘 키운 딸 하나,
열 재테크 안 부럽다

수능만점자가 전하는 '공부 잘하는 비법'

대한민국에서 대학교를 가기 위해서는 누구나 한 번의 관문을 넘어야
한다. 과거에 학력고사가 있었고 지금은 대학수학능력시험이 수많은 학
생들의 머리를 짓누르고 있다.

모두들 어려워하고 피하고 싶어 하는 대입 시험이지만 남들을 비웃듯
수능에서 만점을 맞은 사람이 있다. 2016년 수능만점자로 서울대 경제
학부에 재학 중인 김재경 양이다. 그냥 우연히 운이 좋았던 것은 아니었
던 것 같다. 용인 한국외대부고 3학년이었던 2016년 6월과 9월 치른 전
국연합학력평가에서도 만점을 받았다. 고려대학교 주최로 열렸던 전국

고등학교 영어토론대회에서 우승을 한 전력도 있다. 이쯤 되면 우연이 아니라 실력이라고 평가할 만하다.

2017 서울머니쇼에서 열린 '수능만점자가 전하는 공부 잘하는 비법' 강의에서 연사로 나서기 전 김재경 학생을 따로 만나 "큰 시험을 볼 때 떨리지는 않는가. 마인드 컨트롤은 어떻게 하는가" 살짝 물어봤다. 돌아오는 답변이 더욱 가관이다. "불안하고 떨린다는 것은 그만큼 완벽하게 공부를 하지 않았다는 것이다. 각 분야를 완벽하게 공부했다고 생각하면 전혀 불안해 할 이유가 없다."

물론 그도 이제 갓 대학교에 들어간 어린 학생이다. 하지만 그의 공부 비법만은 어른, 아이 할 것 없이 배워볼 만하다는 생각이다. 누군가는 "재테크 행사에서 수능 관련 특강을 왜 했냐"고 물었다. 하나만 알고 둘은 모르는 소리다. 잘 키운 자식만큼 제대로 된 재테크는 없을 것이다. 자식들이 속 썩여봐라. 들어가는 돈이 한두 푼인지. 그리고 공부 잘하는 학생들은 장학금도 받지 않나. 하나하나 그의 말에 집중해 보자. 분명 웬만한 재테크 강의보다 얻어가는 게 훨씬 많을 것이다. 세미나는 아직까지는 어린 그를 돕기 위해 사회자의 질문과 그의 답변 형식으로 진행됐다.

사회자 외대부고를 졸업했는데 외국어 조기교육이 도움이 됐나. 중·고등학교 때 외국어 공부 방법은?

김재경 초등학교 때 영어 알파벳도 모르고 입학했는데 배워보니 재미있어서 어린이용 얇은 영어책을 많이 읽었다. 권수는 많지만 페이지는 15페이지 남짓한 책이라 큰 부담은 없었다. 하루 한 권씩 읽다보니 제일 좋아하고 자신 있는 과목이 영어가 됐다. 중학교에 갔더니 외국 유학을 한 적이 없어 그런지 말하기가 부족하다는 생각이 들었다. 그래서 방과 후 활동으로 영어토론을 했다. 이 때문에 말하기가 급격히 늘었고 영어실력 향상에 가장 도움이 됐다. 고등학교 때는 어휘들을 공부해서 어려운 책과 영자신문을 읽고 어학 인증 시험도 준비했다. 외국어는 일찍 배울수록 흡수가 잘된다고 생각한다. 그런데 동시에 어린 아이일수록 금방 질리고 트라우마가 남을 수도 있다. 나도 예전에 그런 기억이 조금씩 있다. 월등히 잘하는 사람과 경쟁하거나 하는 부담이 해가 될 수 있으니 자연스럽게 언어를 배우게끔 하는 게 중요하다.

사회자 부모의 재력이 성적과 비례한다는 통념이 있다. 본인의 경우 부모로부터 받은 큰 도움은 어떤 것이 있었는가.

김재경 일단 우리 집이 엄청난 부자는 아니지만 부모님께 항상 감사한 것은 공부하는 측면에서 필요한 것들을 열정적으로 지원해 주셨다는 것이다. 부모님께 공부 관련 잔소리는 들은 기억이 없다. 일탈 아닌 일탈도 하고 노는 것도 좋아했지만 그럼에도 잔소리 안 하고 자유를 준 것이 감사하다. 부모님 지원 중 가장 많이 도움이 된 부분은 '음악'이다. 어렸을 때 바이올린을 했는데, 어머니가 현악기 중심의 클래식을 좋아해 권유하셨다. 지금도 하고 있다. 그게 어쩌면 나의 큰 자산인 듯하다.

사회자 바이올린 말고 다른 학업 외 활동은 있었나.

김재경 음악 부분에서는 초등학교 때부터 고3 때까지 오케스트라 활동을 했다. 고등학교 생활을 재미있게 보낼 수 있었던 이유는 연극부장을 했기 때문이다. 연극 연출이 너무 재미있었다. 세 편 정도의 연극을 무대에 올렸다. 그게 학업 이외 부분에서 가장 기억에 남고 소중한 추억이었다.

사회자 정규 교육 이외에 과외활동이 많은 시대다. 학생 때 과외수업을 들었나?

김재경 학원에 오래 다니진 않았다. 개인적으로 다른 과목은 재미있어서 스스로 공부했지만 수학은 매일 풀어야 감이 유지되는데 너무 지겨웠다. 항상 옆에서 채근해줄 사람이 필요해 수학학원은 오래 다녔다. 학원 또는 과외 선택 시 '다른 사람이 하니 불안해서 따라하는 것'은 아니라고 본다. 스스로에게 가장 맞고 다닐 마음이 생기는 학원에 가야지 그렇지 않으면 학습효과가 없다. 부모님도 내게 학원 다니는 것을 강요하지 않았기에 더 맞는 학원을 찾은 거 같다.

사회자 지나친 조기교육은 단점도 있을 듯한데.

김재경 학생 의사에 반하는 것이라면 해가 될 가능성이 크다. 돌이켜보면 부모님께서 강압적인 분들은 아닌데 "국제중에 입학하게 되어 정말 영어 잘하는 친구들과 만나게 될 테니 영어학원에 다니라"는 말씀은 하셨다. 그래서 한두 달 다니게 됐는데 안 좋은 추억이었다. 선생님도 강압적이었고, 수업 중간에 우는 아이도 있었다. 당시 영어 트라우마가 생길 정도였다. 조기교육 자체는 좋지만 좀 더 자연스럽고 학생이 동의하는 방향으로 해야 할 것 같다.

사회자 서울대에 다니는 주변 학생들은 고교시절 과외를 많이 했나.

김재경 당연히 서울대 학생들이면 학원 과외를 많이 했을 것이라 생각했는데, 은근히 혼자 공부한 학생이 많다. 아무래도 수시 선발 비율이 높아지다 보니 학

| '공부 잘하는 비법'을 설명하는 수능만점자 김재경 서울대학교 경제학부 학생

교공부에 충실한 학생들이 많다고 생각한다. 기본적으로 학원은 조금씩은 다 다녔고 특히 면접이나 자기소개서를 준비할 때는 스스로 하는 데 한계를 느껴 면접학원을 다닌 학생들이 많은 것 같다.

사회자 어렸을 때 읽은 책 중 도움이 된 책 있나.

김재경 초등학교 때 정말 좋아했던 책은 《톰 아저씨의 오두막집》이라는 외국 동화 책이다. 흑인 노예제에 관련된 책이다. 이 책을 읽으면서 인권에 대한 생각을 처음으로 했다. '내가 사는 세계 이외에 다른 세계에서는 이런 일도 있구나' 라는 생각을 했다. 중학교 때는 영어 책을 많이 읽었다. 영어 장편은 혼자 읽기가 힘들어 헤밍웨이가 쓴 단편집을 골라 읽었다. 이 책을 읽으면서 작가가되고 싶다는 생각을 할 정도로 소설책에 빠져 있었다. 고등학교 때는 존 스튜어트 밀의 《자유론》을 읽었다. 3학년 내내 자유가 무엇인지 생각하게 할 만큼 영향을 많이 준 책이다. 이 책으로 친구들과 프로젝트도 했다. 자유가 인문사회의 기반이 되는 이념이라 이에 대해 많은 생각을 했다. 대학에 와서 얼마 전 읽은 책을 소개해 드리면 소설가 황정은의 《아무도 아닌》이란 책이 기억에 남는다.

사회자 독서가 수능에도 영향을 미치나.

김재경 두 가지 측면에서 영향이 있다. 첫째 배경지식이다. 특히 수능 국어의 경우 어떤 분야 지문이 나올지 모르는데 배경지식이 많으면 독해 시간을 단축할 수 있다. 두 번째로 긴 글의 해독능력이다. 요새 긴 글을 읽으면 길을 잃기 쉬운데 책을 꾸준히 읽으면 긴 글도 독해를 끝까지 하는 능력이 생긴다.

사회자 수능 보기 전에 만점을 예상했나.

김재경 정말 예상을 못했다. 수능 전날 잠을 못 잤다. 일부러 시계도 안 봤다. 수능 전날인데 새벽까지 잠 못 잤다는 자괴감을 느끼지 않기 위해서다. 겨우 2~3시간 정도 자고 컨디션이 안 좋아 만점 받을 거란 생각은 못했다.

사회자 수능 문제 중 확신이 없었던 문제도 있었을 듯한데.

김재경 사회탐구 중 법과 정치 부분에서 정말 모르는 문제가 있었다. 법이 생각이 안 나면 풀 수가 없는 문제였다. 법과 정치 11번 문제였다. 답은 모르겠지만 나머지 4개 예시가 틀린 게 보여서 찍었는데 다행히 정답이었다.

사회자 수능준비 중 가장 힘든 시기는?

김재경 우선 이 한 방으로 내 인생이 결정된다는 생각이 힘들었다. 어떤 외국 신문에서 읽은 게 우리나라는 '원샷 소사이어티One Shot Society'라고 했다. 한방

사회다. '이것이 나의 모든 것을 보여주는 지표는 아닐 수 있다. 난이도도 매년 다르고 출제 분야도 다른데 이걸로 나를 완벽하게 보여줄 수 있을까'라는 생각에 사로잡혀 수능이 임박한 시기에 힘들었다.

사회자 수능 스트레스 해소법은?

김재경 공부 말고도 연극, 바이올린 등 취미를 고3 때까지 이어가려 했다. 무엇보다도 연예인을 좋아한다. 빅뱅을 좋아한다. 고3 때 마침 컴백해서 너무 행복하게 공부할 수 있었다.

사회자 수능을 앞두고 본인만의 마인드 컨트롤 방법은?

김재경 항상 마음속에서 '수능은 한방이다'라는 생각을 떨쳐버리기 위해 '수능은 나의 종착역이 아니라 잠시 거쳐 가는 경유지'라는 생각을 많이 했다. 사실 수능을 위해 공부하는 것도 맞지만 모두 다 인생 전반에 쓸모 있는 지식이다. 대학에서도 고등학교 지식이 대학공부의 밑천이 되는 것들이었다. 나의 남은 인생을 위해 공부하는 것이지 수능만을 위해 공부하는 것은 아니라는 생각을 많이 했다.

사회자 공부 노하우는?

김재경 우선 애용했던 것은 '색연필 비법'이다. 엄청나게 많은 색깔의 색연필이 필통에 있다. 오답노트를 손으로 쓰는 게 귀찮아 색연필을 이용했다. 내가 수능 전에 보고 들어가야 할 내용에 색연필로 밑줄을 쳤다. 수능 전에는 주황색으로 친 부분만 보고 가면 될 수 있도록 정리를 했다.

사회자 시간 관리 방법은?

김재경 지금은 안 쓰는데 고3 내내 '플래너'를 썼다. 정말 심할 때는 15~30분 단위로 쓸 때도 있었다. 해야 할 게 너무 많아서다. 그런데 여기서 유의할 것은 절대로 내가 할 수 있는 것보다 많은 계획은 안 세웠다는 것이다. 계획 달성에 실패하면 스트레스만 받지 남는 게 없어서다. 굉장히 여유 있게 해놓았다. 공부할 때 추가로 봐야 할 부분 등 변수가 많다. 다만 항상 계획적으로 살아야 한다는 생각은 했다.

사회자 외국어 공부 방법은?

김재경 처음에는 그냥 외국어에 재미를 붙이기 위해 영어 드라마나 영화 등 재미있는 것들을 자막 없이 보는 게 좋았다. 그럼 이 사람들 대사 중 내가 뭘 알고 뭘 모르는지가 보인다. 두 번째로 단어장을 썼다. 길 가다가도 간판 혹은 종이에 영어가 쓰여 있으면 모르는 단어, 숙어, 문장 구조, 표현 등을 전부 단어장에 적었다. 단어를 수집하듯 적어서 외웠다. '한 번 보고 전부 외워야지'라고 생각하면 질린다. 심심할 때 할 것 없을 때 훑어보는 게 좋다.

사회자 수능시험뿐 아니라 수시전형도 많다. 면접, 논술 전형 등에 임하는 노하우나 팁은?

김재경 우선 얼마나 다양한 책을 얼마나 깊게 읽었는지가 영향을 준다. 면접은 어떤 주제가 나올지 모르기 때문에 지식이 넓고 깊을수록 할 수 있는 이야기가 많아 꾸준히 준비해야 한다. 또 자신감이 중요하다. 영어토론을 오래 해서 그런지 많은 사람 앞에서 의견 말하는 데 스스럼이 없었다. 여러 사람 앞에서 말하는 연습을 하면 도움이 된다.

사회자 수능만점 성적표를 받았을 때 기분은?

김재경 생일날 받았다. 잊지 못할 19살 생일이었다. 엄마와 단둘이 스페인으로 여행

가는 날이어서 정말 홀가분한 마음으로 갔다. 가채점 때 만점이라고 소문났는데 성적표에서 만점이 아니면 부끄럽지 않겠나.

사회자 부모님은 뭐라고 하셨나.

김재경 티는 안 냈는데 밖에서는 여기저기 한턱 쏘고 다니시고, 집에 꽃배달이 오면 아닌 척 하시면서도 좋아하셨다. 밖에서는 친구들 있어서 기쁜 티를 내기 미안하고 그랬지만 집에서는 마음껏 기뻐할 수 있었다.

사회자 전공으로 경제학을 선택한 이유는?

김재경 자연스럽게 선택하게 됐다. 중학교 때 처음 배웠는데 너무 재미있었다. 무질서한 사람들의 행동에 논리와 질서를 부여하는 학문이다. 배워보고 싶다는 개인적인 생각이 있었다. 사회적인 측면에서도 경제가 사람 인생의 전부라 할 수는 없지만 가장 많은 사람에게 직접적인 영향을 주는 학문이라고 생각했다. 학자로든 실무자로서든 국제기구에서 경제를 다루고 싶다는 생각을 했다. 자연스럽게 대학 갈 때도 경제학부에 가려고 마음먹었다.

사회자 많은 학생들의 진로고민이 크다. 전공과 학교 등 선택에 있어서 어떤 점을 우선 생각해야 할지.

김재경 우선 자기가 어디에 관심이 있는지를 파악하는 게 중요하다. 책도 많이 읽고 공부도 많이 해야 한다. 물론 고등학교 때까지 이를 완성하면 좋겠지만 나도 완벽하게 확신이 있어 갔다기보다는 당시 자신이 있었고 관심이 있어 선택했다. 자신에게 잠재력이 조금이라도 있는 분야는 예술이든 공부든 체육이든 하되, 대학에 와서 자기 선택이 틀렸다고 해도 다른 쪽으로 헤쳐 나갈 길이 많다. 수능을 다시 볼 수도 있고 복수전공으로 다른 학과 공부하는 사람도 봤다. 도전할 수 있는 것을 전부 시도해보라고 말하고 싶다.

사회자 서울대 와서 배운 점은?

김재경 서울대 와서 가장 놀란 것이 학생들이 질문을 잘한다는 것이다. 나도 어디서 질문으로 진 적이 없었다. 매 수업 시간 끝나면 선생님을 따라가서 질문했다. 하지만 대학교에서는 대형 강의가 많고 사람이 150~200명이나 있는데 그런 데서 질문하기가 무서웠다. 그런데 서울대 학생들은 타인 시선을 의식하지 않고 틀릴 수 있다는 두려움 없이 용기 있게 질문하는 데 감동받았다. 또 집중할 때와 안 할 때를 명확히 구분하는 것 같다. 놀 때와 공부할 때를 시간만 나눈다고 되는 것이 아니다. 고등학교 때까지 놀아본 기억이 없고 공부에만 초점이 맞춰져 있어 대학교에 와서 친구들이랑 놀러 다니다 보면 공부하기로 계획한 때에도 공부가 잘 안됐다. 그런데 선배와 동기들은 어떤 때 집중해야 하는지 명확히 알고 행동하는 점이 배울 만했다.

사회자 캠퍼스 생활은 어떤가.

김재경 대체로 만족한다. 친구들과 같이 고등학교 때 못한 여행도 계획하고 있고 MT도 여러 번 갔고, 친구 동기랑 술도 마셔보는 등 꿈만 꾸던 것을 해보니 매일 행복하다.

사회자 앞으로의 목표와 꿈은?

김재경 경제가 사회에 미치는 영향이 커 연구해보고 싶어 경제학부에 지원했다. 어려웠던 중간고사가 끝나고 고민에 빠지긴 했는데, 열심히 공부해서 국제기구나 국제무대로 나아가려면 어떻게 해야 하는지 좀 더 고민해볼 것이다.

사회자 후배들을 위해 조언을 한마디 한다면.

김재경 유념할 것은 '수능이 끝이 아니다'란 것이다. 수능 끝나고 천국이 펼쳐질 것이라는 생각만 하면 중간에 지치고 포기하기 쉽다. 수능을 바탕으로 더 큰 공부를 하겠다는 생각을 하자. 그리고 끼니를 거르거나 잠을 자지 않거나 하면 안 된다. 그럼 좋은 성적이 있을 것이다.

김재경 학생의 강연은 학부모와 학생 등 많은 이들이 참석해 관심을 보였다. 강연이 끝난 이후에도 수많은 질문이 쏟아졌다. 참석한 이들만 공유하기가 아쉬워 몇 가지 질문들도 정리해 봤다.

질문자1 종교가 있는가. 있다면 그 종교가 공부에 도움이 됐나. 그리고 수능 전날 잠이 안 와서 부모님과 통화를 했다고 했는데 같은 집에 살지 않나.

김재경 난 종교가 없다. 어머니는 천주교라 나도 어렸을 때 세례를 받았지만 종교 활동은 특별히 안 했다. 주위 친구들은 고3 때 종교 활동을 더 열심히 한 것 같다. 위안을 얻는다는 말을 했다. 고3 때는 기숙사에 있어서 수능 전날에도 기숙사에서 잠을 잤다. 어머니 아버지가 눈만 감고 있어도 잠잘 때 반의 효과가 있다고 말씀하셔서 눈만 감고 있으려고 했다.

질문자2 정량적인 공부시간은?

김재경 수능 한 달 전부터는 하루에 공부하는 시간은 밥 먹고 자는 시간 빼고 거의 다였다. 밥 먹는 시간은 2시간 정도 됐다. 건강관리와 마인드 컨트롤이 공부보다 훨씬 더 중요하다고 생각했다. 그래서 식후에는 아이스크림을 먹으며 산책을 하곤 했다. 고3 때 격리돼 있다 보니 딱히 놀 것도 없었다. 그리고 저녁에는 요가를 1시간 정도 꾸준히 했다. 이것을 제외하고는 공부만 했다.

질문자3 본인이 못한 것을 더 잘하기 위해 쓴 방법이 있나.

김재경 제일 자신 없었던 게 사회탐구영역이었다. 나머지는 시간을 활용해서 생각하면 풀 수 있는데 사회탐구는 '모르면 땡'이라는 생각이 강했다. 그래서 암기에 매우 매달렸다. 내가 택한 방법은 교과서를 읽는 방법이다. 수능 때는 교과서 읽는 친구가 별로 없다. 마지막엔 교과서를 읽는 게 중요하다. 교과서를 읽으면 처음부터 끝까지 하나의 스토리를 읽는 것처럼 기억이 연결되기에 하나를 알면 다른 것까지 알게 되는 효과가 있었다.

질문자4 수면시간은? 아플 때는 쉬었는지 아니면 참고 공부했는지?

김재경 잠을 안 자면 무조건 졸기 마련이다. 그럼 계획한 것을 못 한다. 그래서 무조건 12시에는 잤다. 아플 때나 너무 스트레스 받을 때는 절대 공부하면 안 된다.

질문자5 독서의 중요성은 많이 강조가 된다. 어떻게 해야 책을 많이 읽게 할 수 있을까?

김재경 서점보다는 도서관을 추천한다. 책을 사면 '평생 읽을 수 있으니 언젠가는 읽겠지'라는 생각을 하지만 도서관은 반납해야 하기 때문이다. 책 읽는 동기는, 부끄럽지만 난 내가 항상 지식이 얼마나 모자란 지 느껴야 책을 읽었다. 책 안 읽고 기사만 읽거나 주워들은 것으로는 지식의 깊이가 얕다. 내가 알고는 있지만 읽어본 적 없는 책을 읽은 게 얼마나 소중한 자산인지 뼈저리게 느껴야 독서에 대한 동기가 생긴다. 책이 주변에 많아야 한다기보다는 왜 책을 읽어야 하는지 생각하면 스스로 책을 읽게 될 것이다. 또 어릴 때부터 부모님이 책 보는 것을 좋아하셨다. 이런 모습이 익숙했고 집에 책도 엄청 많았다. 책장 5~6개가 꽉 찰 정도의 책이 있어 책을 많이 읽었다.

질문자6 성적이 안 좋다 보면 부모님과의 관계가 멀어지기도 하는데 그런 부분은 어떻게 유지했는지.

김재경 수능시험일 즈음엔 부모님과 가까이 살지 않았기에 더 돈독해졌다. 기숙사에 살다 보니 주말에만 부모님을 봤기 때문이다. 부모님이 맞벌이였기 때문에 나에게 자유를 훨씬 더 주시고 알아서 공부하라고 손을 떼신 게 독립적인 성격의 바탕이 되지 않았나 생각한다.

Seoul
Money
Show

PART. 7

성공한 CEO들의
창업스토리와 취업 성공의 길

김밥 파는 CEO,
글로벌 기업 세운 성공스토리

갖고 싶은 것 매일 100번 써보라

재테크의 정의는 뭘까.

사람들은 보통 재테크라 하면 특정 자산에 투자해 이익을 보는 것으로 생각한다. 하지만 새로운 직업을 찾거나 창업을 해서 들어오는 수입을 늘려 자신의 자산을 불려나가는 것도 훌륭한 재테크라고 할 수 있을 것이다. 이에 〈매일경제신문〉은 재테크 박람회인 서울머니쇼에 소위 밑바닥부터 시작해 성공한 창업가들을 초빙해 그들의 성공 스토리를 들어보는 세션을 진행해 오고 있다. 일반인들 입장에서 평소 성공한 사업가를 만나서 진솔한 이야기를 들어볼 수 있는 기회는 많지 않을 것이다. 물론 이들의 스토리를 독자들이 그대로 적용하기는 힘들겠지만 그들의 창업정신과 열정은 새로운 창업가들의 탄생을 자극하기에 충분할 것이라고 생각된다.

여기 무일푼에서 시작해 미국에서 나름 성공했다는 CEO가 있다. 그의 성공스토리를 들어보며 창업이 신화가 아닌 자신의 현실이 될 수 있도록 만들어보자.

충청남도 장항 출신인 김승호 스노우폭스 회장은 1980년대 후반 중앙대를 다니다 먼저 미국으로 건너간 부모님과 합류하기 위해 미국으로 떠난다. 김 회장은 미국에 도착한 다음날부터 아버지가 일하는 가게에서 담배 파는 일부터 시작하며 사업이라는 것을 접했다. 김 회장에게 물건 파는 일은 천직이었나 보다. 다른 사람들 같으면 부끄럽게 여겼을 일이기도 했지만 그는 오히려 적극적으로 장사에 나섰다. 흑인 동네에서 식품점을 했던 것을 시작으로 이불가게, 유기농 식품점, 컴퓨터 조립회사 등의 사업을 했다.

그러던 그가 2004년부터 김밥을 팔기 시작했다. 주로 흑인 고객들을 대상으로 김밥 샘플을 만들어 무료로 나눠주면서 김밥이라는 것이 먹는 음식임을 먼저 각인시켰다. 한 달 정도 지나자 흑인 고객들도 점차 김밥을 사먹기 시작했다. 그렇게 시작한 가게가 이제는 연매출 4,000억 원의 기업이 됐다.

2017 서울머니쇼에서 강사로 나선 김 회장은 돈 버는 방법, 즉 테크닉이 아닌 돈에 대해 어떤 태도를 가져야 하는지, 삶의 목표는 어떤 방향

으로 세워야 하는지를 이야기했다. 마음가짐이 제대로 설 때 돈은 들어오기 마련이라는 생각에서다.

김 회장은 어려웠던 미국 생활 이야기부터 꺼냈다. 그는 "대학교 3학년 때 미국에 이민 갔다. 동양 사람이 이민가면 서울 구로동에 있는 파키스탄 노동자랑 똑같아진다. 말도 어눌하고, 경험이 없다고 생각하고, 아무것도 모르고. 보통의 이민자랑 별반 다를 바 없는 거다. 당시 가족을 부양해야 한다는 현실이 가장 절박하게 다가왔다. 가족을 부양해야 한다는 목적 하나만으로 살았다"고 말했다.

그는 미국 농장에서 일을 좀 한 적이 있다. 거기서 본 '아메리카나'란 농장의 닭은 약간 파란색 알을 낳는다고 한다. 농장에서 그 닭을 키웠다. 당시 그는 미국에서 가장 큰 슈퍼마켓 회사 중 하나인 크로거와 도시락 사업도 하고 있었다. 이제 막 매장을 30~40개 열어 본격적으로 시작할 무렵이었다. 그의 경쟁자는 매장이 3,000개가 넘었다.

김 회장은 "전국적인 사업을 하는 사람으로 나 자신을 세팅했다. 일반적인 장사가 아니라 사업을 하겠다고 마음먹은 거다. 30~40개 매장이었을 때 300개로 늘리려고 엄청 애를 썼다. 그런데 어느 날 크로거 담당 임원이 우리 회사에 온다는 얘기를 듣고 미팅에 나갔다. 미팅의 핵심은 당시 미국에 우리 같은 회사가 20개 있었는데 그 20개 회사를 4개로 줄여 각각 동서남북을 맡아 사업부로 만들었으면 하는 것이었다. 크로거 측과 얘기하다가 내가 그 계약의 상징으로 농장에서 생산한 달걀에다 사인하자고 했더니 그쪽에서 흔쾌히 응했다. 이후 그 달걀을 상징적으로 가지고 왔고, 사업을 키워나갔다. 사업이라는 것은 정말 예상치 못한 일들이 일어나는 것 같다"고 회상했다.

그는 종종 파격적인 포상으로 직원들의 기를 살린다. 사업 초기 그는 함께 일하던 5명의 직원들에게 "회사 연매출이 2,000만 달러를 넘어가면 BMW 한 대씩 사주겠다"고 약속했다. 회사 매출은 어느새 2,500만 달러를 바라보게 됐고 실제로 김 회장은 직원들에게 BMW를 다 사줬다. 회사 10주년 때는 회사 전 직원에게 루이비통 가방을 하나씩 선물했다. 100개 가까이 되는 가방을 회사에 쌓아놓고 하나씩 나눠줬다.

'나는 내 생각의 산물이다.' 김 회장은 이 말을 평생의 가치로 삼고 있다. 그는 "나는 누구일까. 과거에 내가 생각한 모습이 나다. 이게 원래 부처님 말씀이다. 그런데 난 생각 자체에 물리적 힘이 있다고 믿는다. 내가 무언가를 지속적으로 생각하면 그 생각의 실체가 나를 이룬다고 생각한다. 나는 내가 하는 사업을 통틀어서 나 자신이 유별나게 잘한다고 생각하진 않는다. 난 고등학교 때도 반에서 40등한 게 제일 잘한 것이었다. 뭔가 특별하게 잘한 적이 없었다. 특이하게 재주가 있었던 것도 아니었다. 유일하게 잘한 게 있다. 내가 갖고 싶은 것이 있으면 그걸 끊임없이 머릿속으로 되뇌면서 결국 그걸 얻어내는 건 정말 잘했다"고 설명한다.

그는 자신을 '시간당 1,200만 원 버는 사람'이라고 말한다. 어떻게 보면 서울머니쇼에서 1,200만 원짜리 강연을 하고 있는 것이다. 시간당 1,200만 원 받는 사람이 강연에 온 이유가 뭘까. 김 회장은 "오늘 이 시간에 누군가 한 명이 바뀐다면 내가 여기 온 보람이 있는 거다. 돈 받으

| 무일푼으로 시작해 글로벌기업을 일군 '김밥파는 CEO' 김승호 스노우폭스 회장

려고 여기 왔다고 하면 있을 이유는 별로 없다. 딱 한 명, 그 사람만 성공할 수 있다면 그걸로 됐다"고 말했다.

김 회장은 무엇인가를 갖고 싶다면 갖고 싶은 걸 매일 100번씩 써보라고 강조한다. 이걸 또 100일간만 해보라고 한다. 그는 "내 인생에 이것을 19살 때 배워서 아직까지 하고 있다. 이건 내가 제일 잘하는 거다. 내가 그걸 꼭 가지고 싶다? 그럼 그걸 단어와 문장으로 만들고 하루에 100번씩 써 봐라. 그럼 그 과정에서 아이디어가 막 생긴다. 난 내가 사업체를 인수하고 싶거나 키우고 싶을 때, 그리고 심지어 결혼할 때도 이 방법을 썼다. 내가 이 자리에서 말할 수 있는 유일한 노하우는 이것이다. 가지고 싶은 게 있다면 그 가치와 목표를 이미지로 만들어서 가지고 있어

라. 이상한 소리 했다고 생각하지 말고 오늘 저녁부터 해보라. 한번 해보면 100일 안에 여러분들의 인생은 바뀔 거고, 이게 삶의 가치가 되면 인생 전체가 바뀐다"고 설명한다.

그는 돈이 행복을 주진 않는다고 말한다. 물론 가난한 것보다 부자가 되는 게 낫다. 하지만 굉장히 냉혹한 사실은 돈이 사람들에게 불행을 줄 수도 있다는 것이다. 그럼 어떻게 해야 할까. 김 회장은 "부를 가진 것 자체에 선의善意가 있어야 한다. 돈의 속성을 고려할 때 부자가 되기 위해서 필요한 것 중 하나가 뭘까. 최근 나온 책 중에 99세인 철학자가 쓴 글을 보면 어떤 사람이 그에게 '나는 얼마만큼 가져야, 나는 얼마나 부자가 되어야 할까요?'라고 묻자 '당신의 인격만큼'이라고 말을 하더라. 중요한 것은 그 사람의 인격이 흐트러지면 안 된다는 것이다. 인격이 높은 상태에서 돈을 가지면 행복해질 확률이 높다"고 말했다.

김 회장은 사업하고 싶고 돈 벌고 싶으면 내가 왜 돈 벌어야 하는지 분명한 목적이 있어야 한다고 주장한다. 목적이 선의를 가지면 따르는 사람이 생기고, 현실적으로 그 꿈은 이뤄진다는 것이다.

나만 꿈을 가지고 있으면 그건 진짜 꿈으로 그친다. 하지만 내 주변에 있는 사람이 그 꿈을 따라오면 현실이 된다. 내가 바라는 꿈을 남들이 같이 믿어주면 목표에 가까워진다. 나 자신이 먼저 그 꿈을 믿게 하기 위해 하루에 100번씩 100일 동안 그 꿈을 써보라는 것이다.

하지만 대부분 며칠 못가서 다 포기한다. 포기하더라도 의미가 있다는 설명이다. 왜냐하면 그 꿈이 나한테 그만큼 절박하지 않다는 걸 알려주는 것이기 때문이다. 결국 그 목표는 안 가져도 괜찮다는 것이다. 하지만 본인에게 절박하면 100번씩 쓰게 될 수밖에 없다. 끊임없이 목표를 되뇌면서 결국 성공할 수 있는 토대가 된다고 그는 말한다.

그는 미국에서 첫 번째 매장을 열었을 때 미국 지도를 사서 매장 300개가 위치할 지점을 찍어봤다. 300개의 매장을 열겠다고 스스로 다짐한 것이다. 그리고 모든 이메일 패스워드를 '매장 300개'로 바꿨다. 그리고 이제는 3,000개로 바꿨다. 그는 지금 현재 1,300개의 매장을 운영 중이다. 지금 같이 일하는 매장 직원들도 매장 3,000개 달성이 힘들 거라 생각하지 않는다. 부하직원들과 계속 목표를 공유하면서 생기는 현상이다.

본인이 얼마를 벌고 싶은지 매출은 어느 정도로 잡고 싶은지, 매장은 몇 개로 만들지 등 목표는 확실하게 세워야 한다. 김 회장이 개인적으로 가진 목표는 다섯 가지다. 연간 매출 1조 원. 또 샘스클럽(미국 대형 유통업체) 매장 700개에 진출 등인데, 현재는 매장 15개에 도시락을 넣는 중이다. 샘스클럽 매장 상위 200개에만 도시락을 납품해도 매출 3,000억 원은 나온다.

'내가 얼마나 큰 사람이 될 수 있을까'도 결국 그 사람의 생각이 좌우한다. 김 회장은 미국에 갈 때부터 전국적인 사업을 하는 사업가가 되고 싶었다. 처음 1호점을 냈을 때 이걸 어떻게 몇백 개로 늘릴까 항상 고민했다고 한다. 당시 라이벌들이었던 이들은 아직도 조그마한 김밥 사업을 하고 있다. 본인이 더 기회가 있어서 그런 게 아니고 가지고 있는 생각의 크기가 달랐다는 게 그의 생각이다.

자신의 꿈을 100번씩 100일간 써보는 것을 어느 미국 아줌마가 따라 해봤다고 한다. 몸무게 30kg을 감량하겠다고. 그리고 3개월 후에 30kg 빠진 모습의 사진을 보내주더란다.

그는 "상대적으로 제일 쉬운 게 돈 버는 거다. 돈이란 목표는 숫자로 명확하다. 인간관계 회복, 명성, 학문 등은 내 눈에 안 보이는 것이라 어렵다. 역설적으로 보면 돈 모으는 게 제일 쉽다. 굉장히 많은 사람이 100 번 쓰기를 따라서 한다. 너무 두루뭉술 쓰지 말고, 문장을 너무 길게 하지 말고 우선 아주 작게 줄여서 3~4단어로만 써보라"고 권한다.

강연 이후 수많은 질문이 쏟아졌다. 한 관람객이 직원 해고의 기준을 물어봤다. 그러자 그는 오히려 좋은 직원은 어떤 사람인가를 설명했다. "오자마자 일 잘하는 사람들도 있다. 그 사람들은 워낙 유능해서 두세 달 이후에 회사를 나가게 된다. 일을 잘하니까. 그냥 하루 이틀 계속 성장하는 직원이 좋다. 실적이 낮아도 발전하면 인정한다."

사업 때문에 바쁜데 가정은 어떻게 유지할까. 이런 점에서 그는 운이 좋은 사람이다. 부모나 아내가 자신을 계속 믿어줬다는 것이다. 사업에서 가장 큰 자산은 배우자의 지지이고 이것이 없으면 솔직히 직장 생활 하는 게 낫다는 설명이다.

미국에서 성공하고 돌아온 그가 보기에 한국에서 성공할 수 있는 사업은 뭐가 있을까. 그는 "한국을 30년 전에 떠났는데 돌아와 보니 30년 전이나 지금이나 전혀 발전하지 않은 비즈니스 영역이 2개 있다. 가령 미용실은 엄청나게 발전했다. 지금 엄청 잘된다. 관공서와 병원도 다 발전했다. 그런데 목욕탕하고 꽃집 두 개만 발전이 전혀 안 됐다. 지금도 목욕탕은 때 미는 아저씨가 때로는 팬티도 안 입고 들어와서 때를 민다. 또 쓰다 남은 비누 다 모아놓고 쓰고 그런다. 꽃집 또한 마찬가지다. 영세한 사업이다 보니 악성 재고가 쌓여 있다. 매장이 쓰레기장처럼 돼 있는 곳도 있다. 꽃집인데 꽃이 안 예뻐 보인다"고 말한다.

김 회장은 이어 "한국 꽃시장은 특이한 점이 있다. 미국은 손님의 80% 정도는 슈퍼마켓이나 시장에서 쉽게 꽃을 구입한다. 그리고 자신을 위해 그냥 산다. 반대로 한국은 대부분 누가 죽어야 조화를 보내면서 소비한다. 경조사로 이어지는 게 꽃시장이다. 그래서 나도 지금 고객들이 자신을 위해 꽃을 살 수 있는 꽃가게를 만들 준비를 하고 있다. 프랜차이즈 모델로 만들어 시작할 것이다"고 덧붙였다.

Chapter
02

청년 CEO가 전하는
실전 창업 노하우

생각의 속도로 실천하라

외식 프랜차이즈업체 'SN인더스트리'의 이상준 대표는 아르바이트에서 시작해 사장의 자리까지 오른 '대단한' 인물이다. 부산대 미대에 입학한 이후 제적당하고 15가지 정도 업종에서 아르바이트를 전전하며 살아왔다. 24세에 서울 대학로에서 5평짜리 분식점을 내며 창업했을 때도 주변에서 '공부나 하지, 장사는 왜 하냐'는 핀잔을 들었다고 한다. 하지만 고깃집 장사를 하는 어머니로부터 물려받은 재능은 어디가지 않았다.

이후 그는 일본으로 유학을 갔다. 어학연수라고 핑계를 댔지만 아르바이트를 하면서 거기서도 장사를 배웠다. 일본식 선술집인 '이자카야'

에서 설거지를 시작하면서 일을 배웠고 나중에는 칼을 잡고 요리까지 하게 됐다. 가게 점장이 직접 지저분한 하수를 청소하면서 솔선수범하는 모습에 감동하며 아랫사람을 배려하는 태도를 배웠다.

이제 30대 후반의 나이에 그는 대표라는 직함을 가지고 있다. 카페, 닭강정 가게, 호떡 가게 등 국내에 240개의 가맹점을 오픈했고 필리핀 12개, 중국 10개, 미국에도 1개 점을 오픈한 상태다. 밑바닥부터 일을 배워왔던 그가 이제는 서울머니쇼에서 창업을 꿈꾸는 후배들에게 자신의 노하우를 전수했다.

강연에 나선 그는 독도가 그려진 종이컵 사진 하나를 보여줬다. 이 대표는 "2013년 1월에 뉴스를 하나 봤다. 내가 휴대폰으로 확인했는데 다케시마 빵이라고 들어봤는가? 일본에서 국가가 주도해서 만든 빵이다. 일본을 좋아하지만 독도는 별개의 문제라고 생각한다. 이게 나왔다고 했을 때 경악했다. 한국인으로서 화가 나는 걸 주체할 수 없었다. 뭔가를 하고 싶었다. 독도를 알리기 위해 무엇을 할 수 있을까 생각하던 중 문득 떠오른 게 '독도컵'을 만들어야겠다는 것이다. 외식 사업을 하고 있기 때문에 닭강정, 씨앗호떡 등을 종이컵에 넣어서 팔고 있는 상황이었다. 종이컵을 많이 만들다보니까 종이컵에 독도를 넣으면 어떨까 하는 생각을 한 것이다. 예전에 미술학을 전공했던 실력을 발휘해 아침에 일어나자마자 바로 스케치했다. 바로 제작하고 9일 정도 후에 1만 개를 만들었다. 1만 개라고 하면 많아 보이지만 사실 얼마 안 된다. 몇 박스 수준이다. 일본이 만든 다케시마 빵 한 개 가격으로 종이컵을 한 100개 정도 만들 수 있다. 파급효과가 있을 것으로 보았다"고 전했다. 자신이 하던 사업에 애국심 마케팅까지 넣는 수완을 발휘한 셈이다. 물론 선의에서 시작된 것이고 의미 있는 일이라는 데 고객들도 동감할 것이다.

그는 이어 "지금은 독도컵을 18만 개 정도 만들었는데, 대부분 해외로 보내는 데 사용했고 나중에는 국내에서도 교육자료 등의 용도로 필요한 분들께 무료로 나눠드리고 있다. 구매하고 싶다는 분이 많은데 판매를 하는 건 아니고 필요하다면 무료로 보내드린다"고 설명했다. 그가 사업을 하면서 익힌 습관이자 버릇인 '생각의 속도로 실천하자'를 독도컵을 통해서도 실천한 것이라 할 수 있다.

그는 이 같은 습관을 들이기 위해 제일 처음 어떻게 시작했는지 되짚어 봤다. 그가 처음 장사를 했던 시기는 20대 초중반으로, 군대를 다녀온 후 외환위기의 충격에서 아직 채 벗어나지 못한 시기였다. 많은 학생들이 휴학을 했고 학교를 중간에 그만두는 사람도 많았다.

많은 사람들이 장사 한번 해볼까 생각을 하지만 실행하기가 쉽지 않다. 이 대표는 "대학 2학년 때였다. 부산대 미대생이었다. 당시 학교에서 그림을 그리다가 먹고살기 힘들다고 생각했다. 내 전공은 조각이다. 조소를 하면서 '이걸로 밥벌이가 될까' 고민하다 장사해봐야겠다 생각했다. 진짜 실행을 하기 위해 몸을 움직여봐야겠다 생각했고 그러려면 무얼 해야 하나 고민했다. 그러던 중 부동산 공인중개사를 찾아갔다. 문을 딱 열었는데 할아버지 네 분이 바둑을 두고 있었다. 20분 정도 기다리니 바둑을 다두고 나서 부동산 사장님이 돌아봤다. 장사를 할 거라고 했다.

'작은 공간에서 음식 장사를 하고 싶은데 어디에 점포를 구할 수 있을까요' 묻자 점포를 하나 소개해주었는데 5평짜리 무허가 건물이었다. 점포인데 허가가 나지 않는 곳이었다. 그 이후에도 부동산 사장님은 여기저기 전화를 걸었다. 내가 애처로워 보였나 보다. 간판집 사장을 부르더니 30분 정도 나를 가르쳤다. '상표가 없으면 안 된다'는, 처음에는 생각도 못했던 걸 가르쳐 주셨다. 인테리어 사장, 식자재 업체 사장도 그런 식으로 만났다. 장사하는 게 복잡하다고 생각했는데 그날 공인중개사에 한 번 간 뒤로 발 빠르게 움직이게 됐다"고 설명했다.

한 발 내딛을 때가 힘이 드는 거지, 그 다음부터는 자연스럽게 걷게 된다고 그는 강조했다. 이후 이 대표는 부산대 정문 바로 옆에 매장을 하나 냈다. 당시 허가가 안 났지만 불안하진 않았다. 그는 "지금 생각해보면 무서운 일이다. 벌금을 맞거나 철거될 수도 있는 것이다. 하지만 다행히도 당시는 외환위기 직후라 경기가 안 좋아 단속이 안 나왔다. 단속이 나와도 경고 정도였다. 무허가 건물에서 무허가 사업하는 걸 권장하는 건 아니다. 실천과 실행하는 힘이 중요하다는 걸 이야기하는 것이다"라고 웃으며 말했다.

나중에는 이 매장이 프랜차이즈가 됐다. 15년 정도 된 브랜드로 '스시 990'이란 이름이다. 지금은 280호 정도로 오픈했다. 장사해서 프랜차이즈를 만드는 것은 쉽지 않았다. 당연히 에피소드도 많았다. 스시라는 것은 해산물을 밥 위에 올려 판매하는 것이다. 가맹점이 많다보니 당연히 소비량도 많았다. 당시 생선을 공급하는 회사가 따로 있었다. 가맹점이

| 창업노하우를 전수하는 이상준 SN인더스트리 대표

늘고 물량이 많아지면 당연히 단가도 내려가야 한다. 근데 물량이 많이 늘어 월 매출이 몇 억 원이 돼도 단가가 내려가지 않았다. 몇 번 단가 인하를 요청했는데 거래처가 콧방귀만 꼈다고 한다. 그래서 거래처를 바꿔 봤는데 기존 거래처에서 연락이 왔다.

"이사, 잠깐 와봐" 당시 20대 후반인 나이 때문에 거래처 부장이 반말로 오라는 말을 했다. 물론 이 대표는 거래처를 찾아 갔다. 만나자 마자 거래처 부장은 "이렇게 막 바꿔도 되냐"며 화를 냈다. 실랑이 끝에 멱살을 잡히고 욕설도 들었다. 그러더니 냉동창고를 열고 이 대표를 밀어 넣더니 문을 쾅 닫아 버렸다.

순간적으로 이 대표는 큰 공포감을 느꼈다. 들어가면 영하 25~40도로 내려가는 그런 창고였기 때문이다. 사실 이 대표가 창고 안에 오래 있었던 것은 아니었다. 1분 정도 갇혀 있었는데 이 대표에게 겁을 주려고 했던 것이다. 처음 들어가는 순간에는 언제 나올지 모르니 너무 무서워서 죽는구나 생각했는데, 한 가지 눈치챈 게 있었다. 문이 닫히던 순간 거래처 부장이 더 긴장하고 있는 모습을 본 것이다. 그는 "죽는 사람보다 죽이는 사람이 더 무섭기 마련이다. 그냥 어린 친구가 오니까 겁을 주려 했던 거 같다. 그 눈빛을 보고 약간의 안도감을 느꼈는데 금방 문이 열렸다"고 회상했다. 이 같은 일을 겪고 나니 그는 더욱 마음이 단단해졌다.

그는 재수할 때 고깃집에서 처음 아르바이트를 했다. 삼겹살집에 처음 갔는데 가장 먼저 불판닦이를 시켰다. 불판 닦는 것이 제일 배울 게 없는 일이기 때문이다. 가자마자 쪼그리고 앉아서 불판을 그냥 닦으면 된다.

알바도 경력이 굉장히 중요하다. 가자마자 서빙할 수는 없는 노릇이다. 그러니 요리는 더더욱 할 수 없다. 불판닦이를 하다가 한두 달 정도 지나자 승급을 했다. 재미없던 불판닦이 대신 서빙을 시작한 것이다. 고객을 대하고 이야기도 많이 할 수 있어서 이 대표는 좋았다. 서빙 일을 할 때 한번은 야채 가격이 폭등했다고 한다. 야채가 폭등하면 거짓말 조금 보태서 고깃값보다 야채값이 더 비싸단 생각이 들기 마련이다. 그래서 손님들이 '상추 더 달라' 하면 짜증이 날 수밖에 없다. 그럼 주방에선 욕하고, 손님도 적다고 또 욕하고 하는 악순환이 반복된다.

그래서 이 대표는 제안을 하나 했다. 야채박스를 밖으로 꺼내놓고 손님이 셀프로 가져다 먹게 하는 것이었다. 그 당시에는 그런 방식을 쓰는 가게가 별로 없었다. 당연히 점장은 반대했다. 술자리에서 점장과 다시 얘기했는데 야채박스를 카운터에 갖다놓고 적당히 가져갈 수 있게 하는 것이었다.

한 달 지나고 결산했더니 야채가격이 3배가 나왔다. 그런데 매출은 어떻게 되었을까. 매출은 25%가 올라갔다. 야채가격이 3배라 해도 고기 한두 근 더 파는 게 이익인 상황이라 결과론적으로 수익은 더 나왔다고 한다. 그때 당시 이 대표의 시급이 1,900원 정도 됐었는데 점장이 시급을 300원 올려줬다. '에이 겨우 그거?'라고 할 수 있겠지만 아르바이트생 입장에서는 엄청나게 오른 것이었다.

이 대표는 돈보다도 자신이 계획했던 게 인정을 받았다는 것이 더 기뻤다. 그때부터 장사가 재미있다는 생각을 하게 됐고 '내가 생각한 게 매출에 영향을 주는 구나'라는 생각에 다른 아이디어도 떠올려 보기 시작했다.

'화장실에 뭔가 재밌는 그림을 넣어볼까? 카운터에서 과자를 팔아볼까? 카페 진열대의 쿠키 위치를 바꿔볼까?' 물론 실패도 엄청 많이 했다. 하지만 아이디어를 내는 게 재미있어서 했던 게 바로 '사장놀이'다. 나 자신이 사장은 아니지만 아르바이트를 할 때 이것저것 해보면서 시도하는 것이다. 실패를 해도 '내 장사가 아니지 않나'라는 생각을 가지고 도전해볼 만하다.

지금도 이 대표는 자신의 회사 직원들에게 이런 얘기를 똑같이 한다.

"재밌게 놀이를 해라. 뭔가 시도하는 것을 고민하지 마라. 어차피 회사 돈이니 사장놀이를 해라."

그는 이런 얘기를 끊임없이 하고 있다. 24살 때 장사를 시작하고 운 좋게 첫 장사에서 실패하지 않으며 성장했던 게 모두 '사장놀이'를 하면서 터득한 경험 때문이었던 것 같다고 이 대표는 전한다. 그는 "기업 대표라면 직원들에게 사장놀이를 시켜보고, 아르바이트하는 이라면 사장놀이를 직접 해보라. 인생이 달라지는 계기가 될 수도 있다"고 충고한다.

한번은 부산에 있던 선배가 와서 술자리에서 주거니 받거니 이야기하는데 "야, 승준아 너는 정말 운 좋은 거 같다. 장사도 잘됐고 지금도 서울 와서 잘 지내니까"라고 선배가 말을 했다. 이 때 이 대표는 '아 나 진짜 운 좋구나' 하는 생각을 했다.

한 번의 장사도 성공하기 쉽지 않은데 여러 장사에서 성공한 건 정말 운이 좋았다고 생각했다. 우스갯소리로 그는 다트를 던져도 정중앙에 맞출 수 있다고 자신한다. 물론 그가 다트 선수도 아니고 연습을 하는 것도 아니다. 그런데 어떻게 그게 가능하냐고? 다트를 던져서 중앙에 맞추는 방법은 두 가지다. 하나는 다트판 앞으로 걸어가서 중간에 꽂으면 된다. 장사에 비유하자면 어느 정도 자본이 있는 사람들이 하는 방법이다. 자본력이 있으면 그만큼 실패 확률도 떨어진다는 설명이다. 하지만 이 대표를 비롯한 대부분의 사람들에게 이건 해당사항이 없는 방법이다.

그럼 두 번째 방법은 뭘까. 답은 의외로 간단하다. 꽂힐 때까지 던지는 거다. 실패를 겪더라도 많은 경험을 하면서 성장하는 CEO들의 전형적인 상이라 할 수 있다. 이 대표는 일을 하면서 전문가들을 많이 만나 배울 수 있으니 실패를 두려워하지 말라고 강조한다.

이 대표는 과거 한방식품 회사에 다니던 시절, 히트 아이템 하나를 개발한 일화에 대해 소개했다. 스스로 뭔가를 개발해보고 싶다는 생각을 하던 이 대표는 홍차티백을 떠올렸다. 녹차티백에 홍삼을 넣은 제품인데 당시에는 그런 제품을 판매하는 곳이 없었다. 이 대표의 홍차티백은 회사의 차기 아이템으로 채택됐고, 제품 개발 과정을 거쳐 거래처로부터 샘플 10개를 받았다. 개발까지 1억 원이 들어갔는데, 샘플이 나오자 선배와 동료직원들이 "맛 좀 보자"며 아우성을 쳐 하나씩 나눠줬다. 9개를 나눠주고 절대 잃어버려서는 안 될 마지막 하나를 잘 간직하고 있는데 갑자기 회장님이 찾아왔다. 석 달에 한 번 정도 회사에 들르는데 하필 이때 와서 샘플을 가져오라고 하기에 '드리면 안 되는데' 하면서도 가져다 드렸다고 한다. 맛이 괜찮다는 칭찬은 들었지만 샘플이 없어진 상황. 여기서부터 일이 꼬이기 시작했다. 대량생산에 들어간 티백이 거래처로부터 왔는데 샘플과 달리 본래의 향이 나지 않았다. 샘플이 없어 처음에 의도했던 향을 살리기 어려운 상황에 처했다.

이 대표는 결국 본인이 책임진다는 생각으로 사직서를 냈다. 회사 입장에서는 1억 원의 손실을 봤다. 이때 평소 존경하던 한 이사가 부르면서 이런 말을 했다. "어떤 사람이 실패하는지 알아? 일하는 사람이 실패하는 거야. 너는 일을 열심히 했기 때문에 실패한 거다. 그래서 실수한 거고. 일단 해결해보자."

이 대표는 가슴속으로 엄청 울었지만 생각해보니 본인이 회사를 그만 둔다고 회사가 보상을 받는 일은 아니었다. 그래서 다 해결하고 나가겠다는 생각을 했다. 생산업체에 다시 가서 사정사정해 샘플 티백을 만들었다. 결국 자신이 어떤 위치에 있든 책임감을 가지고 여러 아이디어를 내는 '사장놀이'가 여기서도 통했던 것이다. 이 대표는 창업 성공의 열쇠가 바로 여기에 있다고 봤다. 그리고 이 같은 노하우를 수많은 사람들에게 전하기 위해 서울머니쇼에 섰던 것이다.

대박가게 탄생의 비밀

대박 아이템에 얽매이지 말라

김상훈 대표가 운영하는 스타트비즈니스는 프랜차이즈 창업을 하기 위한 이들을 돕는 전문 컨설팅회사다. 창업 아이템 선정에서 상권입지 개발, 사업계획 수립, 가게 오픈 등 일련의 과정을 코치한다. 사업을 처음 시작하는 이들이 '이건 어떻게 하지? 누군가 도와줬으면 좋겠는데' 하면서 어쩔 줄 몰라 할 때 도움의 손길을 주는 곳이다.

사업 영역이 이렇다 보니 김 대표는 수많은 성공과 실패를 옆에서 지켜볼 수밖에 없었다. 일반적으로 성공했다는 CEO들은 자신의 성공스토리를 말하지만 사실 이 같은 성공스토리를 많은 사람들에게 일괄적으로 적용하기는 힘들다. 하지만 김 대표는 수많은 성공 케이스를 분석했고, 이를 바탕으로 객관적으로 실패 확률을 줄여주는 사람이라고 할 수 있다. 이 때문에 김 대표의 강의는 창업의 기본 밑그림을 그리는 이들에게 적절한 강의라고 할 수 있다.

김 대표는 1997년 외환위기 시절 창업 관련 회사를 오픈했다. 그 시절이 한국 역사상 매우 경기가 어려웠던 때라는 것은 잘 알려진 사실이다. 하지만 당시부터 2017년 5월 현재시점까지도 많은 이들이 김 대표에게 '경기가 안 좋은데 창업해도 되냐' 등의 질문을 한다.

우리나라 경기가 가장 안 좋았던 때는 언제였을까. 1988년 서울올림픽 이후 1990년대 초반과 1997년 외환위기, 2000년대 들어서는 글로벌 금융위기 등이 있었다. 창업시장에서는 외환위기가 발생했던 1997년 말부터 2000년대 초반까지 창업을 통해 의외로 '대한민국 사람들의 로망'인 건물주가 된 사람이 많았다. 요즘 다들 경기가 어렵다고 하지만 대한민국이 어려웠던 시절 부자가 많이 탄생한 셈이라고 김 대표는 설명했다.

그는 "가만히 있어도 알아서 연금 500만 원씩 나오면 창업할 필요가 없지만, 가만히 있으면 우리가 받을 수 있는 연금은 국민연금 정도인 100만 원가량밖에 안 될 것이다. 이것도 좋은 회사 다닌 사람들만 해당되는 이야기다. 좋은 회사에 다니지 못한 사람들은 65세에 국민연금 타는데 50만 원도 못 받는 사람이 많다. 하지만 문제는 우리가 90세 이상 산다는 것 아니냐"며 창업의 필요성을 강조했다. 김 대표는 이어 "창업할 때 특히 나에게 맞는 '빅 아이템'은 뭘까 고민하는 이들이 많은데 사실 빅 아이템은 없다. 창업 시장에서 부자가 되는 비결 중 아이템으로 결정되는 건 25% 미만이라고 생각한다. 내가 만약 박사 논문을 하나 쓴다면 '창업자의 성패를 결정짓는 게 과연 아이템인가'란 가정을 세우고, 결론은 '아이템 선정이 창업 성공에 미치는 영향은 25% 미만'이라고 쓰고 싶다"고 덧붙였다. 김 대표는 세부적인 창업 아이템을 하나씩 예를 들면서 성공할 수 있는 방법을 설명했다.

일단 일반인들이 누구나 쉽게 생각하는 고깃집부터 살펴보자. 고깃집 중에서는 어떤 아이템이 가장 유망 아이템일까? 제주도 말고기? 아니면 요즘 가장 핫하게 많이 하는 지리산 돼지? 제주 흑돼지? 또 이걸 숯불로 굽느냐 불판에 굽느냐 또는 족발을 먹느냐 삼겹살을 먹느냐 등 재료를 가공하는 과정에서의 세부적인 차이가 있을 수 있다. 하지만 고기는 대한민국 소비자들이 경기 불황과 상관없이 많이 먹는다는 데 주목해야한다. 고깃집 아이템은 스테디셀러 아이템이라 생각하면 된다.

김 대표는 "우리나라 고깃집은 소, 돼지, 닭, 오리 등 다양한 게 있지만, 요즘 소비 트렌드를 감안해 고깃집을 분석하면 고기 중에서도 '싼 고기' 집이 잘 먹힌다. 그래서 대패 삼겹살이 잘 먹힌다. 그렇다면 무조건 싼 아이템으로 창업해야 하나? 저렴한 아이템이라는 것은 원가대비 마진이 낮다는 거다. 이런 아이템으로 창업해서 '대박'치려면 많이 파는 수밖에 없다. 박리다매가 안 되면 장렬히 전사한다는 것을 유념하라"고 밝혔다. 또 "단지 대박집을 열심히 쫓아다니는 사람이 많은데, 창업 성공 사례를 학습하기보다 창업 실패 사례에 대해 학습하는 게 훨씬 도움

| 대박가게 성공비결을 설명하는 김상훈 스타트비즈니스 대표

된다. 실패한 사람이 어떤 아이템, 어떤 입지, 어떤 브랜드로 장렬하게 실패했는가. 1억 원으로 실패했는가 5억 원으로 실패했는가 등을 유심히 살펴보라"고 덧붙였다.

일본·대만 등 외국에서 들어오는 아이템들은 어떻게 접근하는 것이 좋을까. 김 대표는 "우리나라의 전체적인 상권을 보면 일본, 대만, 그리스, 터키 등 늘 외국 아이템에 관심이 많다. 물론 외국 아이템을 외국 소비자 대상으로 영업하면 의미가 있다. 하지만 외국 아이템을 가져오더라도 한국사람 대상으로 영업하는 게 문제"라고 지적했다.

대표적으로 미국의 월마트나 프랑스의 까르푸는 한국에 왔다가 왜 문을 닫았을까. 우리나라에 없는 외국 아이템을 들여오면 반드시 대박난다는 환상을 깨라는 뜻이다. 새로운 아이템이 들어오면 열심히 그 아이템을 공부하는 게 중요하다. 공부한다는 건 어떤 의미인가. 소비자 시각, 직원 시각, 매니저 시각으로 늘 살펴야 한다는 것이다.

특히 한국에서 '쪽박 가게'가 되지 않으려면 많은 공부를 해야 한다고 강조한다. 그는 "최근 일본 컨설팅 전문가랑 미팅을 했다. 그 분이 하는 이야기가 우리나라 음식점 시장의 정량적 데이터만 분석해 본다면 5,000만 소비자 시장이고 일본은 우리보다 2배 이상 많은 1억 2,700만 시장이다. 그런데 우리나라 음식점은 대략 70만 개이고 일본 음식점은 80만 개다. 우리나라 음식점 사장들의 경쟁이 훨씬 치열할 수밖에 없다는 것이다. 경쟁이 치열하다는 것을 뒤집어 보면 또 우리나라 5,000만 소비자들은 일본의 1억 2,700만 소비자보다 얼마나 행복한 것인가. 즉 국내 창업자는 갈 곳 많은 소비자를 얼마나 내 가게에서 반복구매하게끔 하는가가 핵심"이라고 설명했다.

그는 '대박 아이템 좀 그만 쫓아다니라'는 말을 수차례 했다. 대박 아이템 같은 것은 없고 전문가가 나서서 뜬다고 얘기하는 아이템은 이미 뜨지 않는다는 이야기다. 한국과 같은 작은 시장에서 특정 아이템, 특정 브랜드가 단기간 내에 너무 많이 생기면 빨리 망해버린다. 이게 아이템을 보는 기본적 시각이다. 김 대표는 "단기간 내에 많이 안 생기는 아이템을 만들려면 그만큼 어려운 아이템을 만들어야 한다. 카페? 누구나 쉽게 할 수 있다. 대만 카스테라도 봐라. 단기간에 생기고 사라졌다. 물론 창업에 일가견이 있는 선수라면 유행 아이템으로 돈 버는 경우가 있다. 그러나 초보 창업자는 정말 쉽지 않다. 아이템에 대한 환상을 버리길 바란다"고 말했다.

또 "남들이 쉽게 따라하지 못 한다는 건 1주일간 교육 받고 가능한 아이템이 아니라 3~5년 정도는 무릎 꿇고 제대로 아이템을 자신의 것으로 만들었을 때 가능한 아이템이란 뜻이다. 즉 문턱이 낮은 아이템은 남들도 다 할 수 있다는 얘기다. 문턱이 높은 아이템을 고려해야 한다. 창업은 '업'을 만드는 일이다. 50세에 창업해도 이제 80세까진 현업에 있어야 한다. 30년간 할 거면 적어도 10%인 3년 정도는 투자해야 하지 않겠는가. 손쉽게 인터넷 뒤져서 빅 아이템을 찾는 이들이 많은데 안타깝다"고 설명했다.

과거 창업자들은 눈에 띄는 아이템을 가지고 와서 '성실히, 열심히, 착하게' 한 눈 안 팔고 바람 안 피우면서 열심히 하면 어느 날 갑자기 돈이 내 옆에 와 있더라고 말하는 사람이 많았다. 하지만 지금은 '내가 아무리 열심히 해도 망할 수 있다'는 게 김 대표의 생각이다. 그래서 시장을 봐야 한다는 것이다.

창업 준비는 무조건 '상권 분석'이 핵심이다. 고령화시대를 맞아 65세 이상 고령자가 늘어난다는 전제 하에 이들이 많이 모이는 서울 종로 탑골공원 근처에 간다고 생각을 해보자. 그러면 탑골공원에 가는 노인 분들이 식사를 하거나 약주 한 잔 할 때 어디를 주로 가는지 세밀히 판단해야 한다. 만약 젊은 층을 상대로 장사를 한다면 20~30대 여성과 남성들이 제일 많이 가는 곳이 어디인지, 1차는 어디를 가는지, 술 마실 땐 어디를 가는지, 디저트 먹을 땐 어디를 가는지, 장사가 잘되는 집은 왜 줄 서는지, 망한 집은 왜 망했는지, 이 가게는 하루에 몇 명 들어오는지, 1인당 단가가 얼마인지, 하루 매출이 얼마인지, 원가가 얼마인지, 인건비는 얼마인지 이 모든 것을 세밀히 따져서 '한 달에 최소한 얼마 정도 벌겠구나' 하는 식으로 공부해야 한다. 김 대표는 "젊은 층을 대상으로 장사하고 싶으면 그들과 똑같이 차려입고 그들이 어디서 노는지, 그들이 어디서 지갑을 여는지 쫓아다녀라. 이게 첫 단계다"라고 설명했다.

'쪽박 가게'가 되는 것을 피하는 방법은 일단 시장을 둘러보는 것이다. '상권 여행'을 떠나라는 것이다. 물론 그냥 겉핥기식으로 쭉 보면 안 된다. 해당 상권에 가면 다음과 같은 몇 가지를 집중적으로 살펴봐야 한다.

먼저 소비자들을 살펴볼 줄 알아야 한다. 남자, 여자, 어른, 아이 등 자주 오는 이들을 주목하자. 이들이 밥 먹을 때, 술 마실 때 뭐하는지 잘 보라는 것이다. 그 소비자들을 대상으로 돈 버는 사람들에게 주목하고, 창업자를 대상으로 돈 버는 사람도 살펴봐야 한다. 김 대표는 "창업자 입장에선 지출도 줄여야 한다. 지출이 계속 많아져선 안 된다. 이 때문에 임대인들을 잘 살펴봐야 한다. 잘 살펴보면 정말 '금수저' 임대인도 있지만 임차인부터 시작하다가 임대인이 된 사람도 있다. 임대인은 과연 사업가인가, 금수저인가에 대해서도 봐야 하고 임대인 대상으로 돈 버는 사람도 봐야 한다. 예를 들어 부동산 시공사, 시행사, 분양대행사, 공인중개사 등등이다. 창업자들은 그 거래 시장을 모두 볼 줄 알아야 한다. 이런 사람들을 통해 요즘 어떤 사람들이 어떤 아이템을 찾는지, 요즘 어떤 아이템을 부동산에 내놓는지 등에 대해 조사해야 '앞으로 어떤 아이템이 생기는 구나' 혹은 '어떤 아이템이 사라지겠구나' 하는 것을 알 수 있다"고 설명했다.

또 프랜차이즈 시장도 체크해볼 필요가 있다. 우리나라 프랜차이즈 시장은 전체 5,500여 개 정도 브랜드가 있고, 4,100여 개 업체가 있다. 김 대표는 "프랜차이즈는 창업 시장에 너무 많은 느낌이다. 프랜차이즈 브랜드를 어디서 하는 건지, 단기간에 몇 개 오픈하는 건지 등을 알아봐야 하며, 주변 소비자 시장, 창업자 시장, 부동산 시장, 프랜차이즈 시장 등을 다 둘러봐야 한다. 이 같이 철저히 살펴보면 시장 변수로 허무하게 망하지는 않을 것"이라고 말했다.

어떤 사업을 하든지 간에 핵심은 결국 사람이다. '대박' 가게 포인트 역시 사람이다. 이 때문에 대박 가게를 들여다볼 때 사장과 직원을 모두 둘러보라는 충고다. 아침 몇 시에 일어나고 저녁에는 뭘 하고 이들이 느끼는 보람은 뭔지 등을 학습해야 한다. 이런 준비 없이 당장 퇴직하자마자 가게를 오픈하는 건 '빨리 실패하는 지름길'이라는 지적이다. 김 대표는 "창업시장에서 믿을 사람은 결국 나밖에 없다. 현금이 많으면 그냥 2억~3억 원 써서 창업해보고 안 되면 '수업료 비싸네' 이러면 된다. 하지만 일반인들은 한 번 망하면 기초수급자가 되니까 신중해야 한다. 퇴직자가 망하면 가정이 파괴된다. 이 때문에 "나는 정말 과연 창업으로 성공할 수 있는지 꾸준히 제대로 따져봐야 한다"고 밝혔다.

훌륭한 창업자 옆에는 '분신'처럼 필요한 좋은 직원이 있어야 한다. 창업자들이 늘 고민하는 게 '나 같은 사람이 또 있으면' 하는 것이다. 그만큼 제대로 된 직원을 구하기 힘들다는 것이다. 창업자에게는 직원이 '왕'이고 이를 위해 직원들 어머니 생신까지 챙기는 창업자도 있을 정도다.

김 대표는 최근 들어서는 상품의 알맹이는 물론 '껍데기', 즉 포장도 중요하다고 강조한다. 소비자들은 일단 껍데기가 좋아야 주목한다는 것이다. 한국 소비자들이 갈수록 까다로워지다 보니 그 까다로운 소비자를 지속적으로 오게 하는 첫 번째 포인트는 일단 우리 가게 문을 열고 한 번이라도 들어와 보도록 하는 것이다.

창업 후 적어도 6개월 내에 어느 정도 궤도에 올라가기 위해 가장 중요한 요소가 바로 이 껍데기다. '아 저 가게 새로 생겼네' 하는 느낌이 들도록 포장해야 한다는 것이다. 한국 소비자들은 새 가게가 생기면 일단 한 번은 가보고 싶어 한다. 한 번은 들어가게 만들어줘야 하는데 껍데기가 부실하면 그런 기회조차 없어진다는 것이다. 그러면 초기 1년도 버티지 못하고 문 닫게 된다는 게 김 대표의 주장이다.

일상생활 대부분이 스마트폰을 통해 이뤄지다 보니 이제는 '스마트폰으로 찍을 것들이 많은 가게'가 매우 중요하다. '와! 테이블 너무 예쁘다. 와! 저게 뭐지' 식으로 비주얼 마케팅을 해야 한다. 요즘 들어 매우 중요해진 포인트라는 설명이다.

찍을 거리의 중요 포인트 역시 사람이다. 요즘은 카메라 앞에서 세상 가장 자유로운 미소를 지어야 하는 시대다. 창업자 역시 손님들의 카메라에 잘 찍히는 연습을 해야 한다. 그는 "잘 찍히는 연습을 해서 성공한 사람이 요즘 TV만 틀면 먹는 방송에서 나오는 P씨다. 세상에 없는 아름다운 미소를 짓지 않냐"고 말했다. 가게 시설 자체도 바닥, 조명, 칼라, 천정 등 세세한 것들까지 신경 써야만 쉽게 망하지 않는다. 대박까지는 둘째 문제고 최소한 이런 것들을 갖춰야 크게 실패하지 않는다고 강조한다. 김 대표는 "시설, 껍데기 경쟁력이 요즘 정말 중요해진 것 같다. '칼라 마케팅', '디스플레이 마케팅', 모양, 디자인 등이 창업시장에서 매우 중요해지고 있다"고 말했다.

창업도 '브랜딩'이 중요하다. 나만의 디자인, 나만의 칼라, 나만의 스타일이 필요하고, 궁극적으로는 사람들에게 감동 주고 주목을 끌 수 있는 상호 등이 필요하다.

최근 유행 업종과 유망 업종은 어떤 것일까.

'창업 전도사'인 김 대표에게 사람들은 "앞으로 고령화가 진행될 테니 실버 사업이 뜨는 것 아니냐"는 질문을 많이 한다. 하지만 김 대표는 실버 사업이 유망하다는 이야기는 1990년대 초반부터 들어왔고 지난 25년간 실버 창업 아이템은 계속 유망하기만 한 수준이라는 평가를 내린다.

바로 '유망한 것과 돈이 되는 가치는 다를 수 있다'는 점이다. 그는 "물론 앞으로는 달라질 수 있다. 일본에선 성공적인 실버 사업도 많이 보이니까. 하지만 난 실버 사업을 이렇게 본다. 노인층이 1,000만 명 있는 실버 사회에서 솔직히 800만 명 정도는 돈 없는 노인 분들이다. 이런 분들은 국가가 부양해야 하는 분들"이라고 설명했다.

창업자는 나머지 돈 있는 노인층에 주목해야 한다. 김 대표는 돈 있는 노인들을 대상으로 하는 사업 아이템으로 '노인 대상 여행사'를 꼽았다. 많은 사람들하고 같이 우르르 몰려가는 게 아니라 좋아하는 사람끼리 크루즈 타고 천천히 즐기는 식의 여행 아이템이다. 이런 사업들이 뜨고 있으며, 유행과 유망은 따로 생각할 필요가 있다고 김 대표는 반복한다.

단기간에 특정 브랜드를 많이 오픈하는 프랜차이즈 시장의 경우 시장에서 오래 살아남는 사업은 뭐고, 본사 사장이 누구인가 등을 체크하라는 주문이다. 이 사장이 예전에 어떤 브랜드를 했는지도 살펴야 한다.

프랜차이즈의 경우 단기간 내 빠르게 오픈하려는 브랜드는 무조건 피해야 한다고 강조한다. 쉽게 말해 최단 기간 망할 수 있다는 소리다. 단기간 내 많이 오픈하는 프랜차이즈가 이 브랜드의 지속가능성을 담보하지 않는다. 그는 "요즘 홍대에 가더라도 의외로 착한 프랜차이즈를 하는 젊은 CEO들이 많다. 좋은 브랜드는 본사 콧대가 높은 곳이어야 한다"고 말했다.

창업자가 마지막으로 꼭 갖춰야 할 조건은 '공부'다. 어떤 공부를 말하는 것일까. 의외로 김 대표는 '말하기'와 '글쓰기'를 꼽는다. 왜 창업자가 이런 공부를 해야 할까.

김 대표는 "너무 중요한 포인트다. 페이스북 글쓰기, SNS 글쓰기가 필요하다. 이런 것들을 마케팅 업체에 맡기면 공짜로 해주지 않는다. 또 누가 물어보면 자신 있게 얘기할 수 있는 말하기 학습을 해야 한다"고 설명했다.

그가 보는 대박가게 사장의 궁극적인 가치는 '행복'이다. 열심히 일해

돈 많이 벌어서 건물주인이 됐는데 갑자기 죽으면 아무 소용이 없다. 창업은 100미터 달리기가 아닌 만큼, 길게 보고 행복한 삶을 추구하는 일이어야 한다는 뜻으로 풀이된다.

Chapter
04

국가대표 은행에 **입사하는 길**

자기소개서가 가장 중요

기본적으로 돈을 굴리기 위해서는 일단 '쌈짓돈'이 있어야 한다. 물론 대출이라는 비장의 카드가 있기는 하지만 이것도 신용이 있는 사람에게나 가능한 것이지 사회초년생에게는 맞지 않는 방법이다.

종잣돈을 벌어야 한다면 답은 두 가지다. 취업을 하거나 창업을 하는 것이다. 이제까지 우리는 창업을 어떻게 해야 하는가에 대해 살펴봤다. 물론 창업이 좋은 기회인 것은 맞지만 모든 이가 창업에 매달릴 수는 없다. 특히 안정적인 직장을 꿈꾸는 이들이라면 대기업이나 공기업에 들어가는 것을 목표로 하는 이들도 많을 것이다.

이 때문에 서울머니쇼에서는 통상 안정적이면서도 높은 연봉을 주는 것으로 알려진 국내 최고 시중은행들과 금융공기업 취업 스쿨을 준비했다. 특히 2017년부터는 보다 생생한 취업 현장 이야기를 듣기 위해 최근 입사한 선배들의 '취업성공기'를 듣는 시간도 마련했다. 수많은 취업자들 가운데서 생존하기 위해 '알토란' 같은 정보는 생명과 같다. 특히 인사담당자나 입사선배들은 자신이 가고 싶은 회사라면 세세한 정보 하나라도 다 챙기라는 충고를 한다. 일단 국내 최대은행으로 꼽히는 신한은행, KB국민은행, 우리은행의 취업 강연부터 들어보자. 이들의 목소리에서 힌트를 하나라도 얻는다면 당신은 금융권 취업에 한발 더 다가가 있는 셈이다.

2017 서울머니쇼 금융권 취업스쿨의 첫 번째 강연자로는 대한민국 1등 은행인 신한은행의 박우혁 경영지원그룹 부행장이 나섰다. 신한은행 내 인사업무를 총괄하는 사람이다. 캐나다신한은행, 아메리카신한은행 법인장, 외환사업본부장, 경기동부본부장 등을 거쳤다. 한마디로 은행에서 잔뼈가 굵은 사람이다. 이제 막 은행권 취업을 준비하는 이들이라면 '너무 중량감 있는 인사 아닌가'라고 생각할 수도 있다. 하지만 명심해야 한다. 최종면접에 가면 만나는 이들이 바로 이런 베테랑들이고, 면접이란 게 원래 이런 중년 세대들과의 대화라는 것을. 이들의 사고와 추구하는 바를 이해하지 못할 경우 취업 준비생들은 '취업 성공'의 달콤한 과실을 얻기 힘들 것이다.

박 부행장은 신한은행에 대한 잘못된 이미지부터 바꿀 필요가 있다고 강조한다. 아주 일을 많이 시키는 '심한은행'의 이미지가 있는데, 아니라는 것이다. 재택근무 등 직원들이 개인의 삶과 일의 균형을 지키면서 일할 수 있도록 하는 직장이 신한은행이라고 말한다.

신한은행의 기본적인 인재상은 '따뜻한 가슴을 지닌 창의적인 열정가'다. 결코 완성된 인재를 원하는 것이 아니다. 그렇다면 따뜻한 가슴을 지닌 사람은 어떤 사람일까. 정직과 신뢰를 바탕으로 나 혼자가 아닌 모든 사회 구성원을 생각하는 사람, 특히 은행은 고객을 대하는 직업이기에 정직과 신뢰가 바탕이 되지 않으면 은행인으로서 바람직하게 성장하지 못한다고 박 부행장은 설명한다.

신한은행에서 가장 중요시하는 것은 결국 '열정'이다. 그는 "조직과 나의 발전을 위해 끊임없이 신속하게 움직이는 사람이 필요하며, 가슴 뛰는 목표를 세웠을 때 열정도 발휘될 수 있다고 생각한다. 신한은행은 가슴 따뜻하고 열정 넘치는 사람들이 있는 조직이다. 우리는 평범한 사람이 만든 비범한 조직이라고 할 수 있다"고 말했다. 아무리 '디지털'과 '4차 산업혁명' 시대라지만 중심에는 '사람'이 있다고도 강조했다.

신한은행은 현재 20개국에 150개 영업망(지점, 현지법인, 법인지점, 단독법인, 대표사무소)을 가지고 있다. 이 때문에 글로벌 인재를 강하게 키울 예정이다. 그만큼 외국어를 잘하는 이들은 유리할 수밖에 없다.

신한은행에 들어오고자 하는 이는 ▲서류 ▲실무자면접 ▲최종면접의 3단계 시험을 거쳐야 한다. 서류전형에서는 자기소개서가 정말 중요하다고 강조한다. 지원자들은 '그 많은 자기소개서 다 읽겠어?'라고 쉽게 생각하지만 인사부 직원들이 모든 자기소개서를 다 읽는다고 한다. 이후 블라인드면접을 거치고 2배수 정도를 선발해 최종적으로 임원들이 면접을 본다.

서류 전형을 좀 더 들여다보면 사실 특별한 것이 없다. 외국어 점수, 자격증 등 소위 '스펙'을 기입하는 란은 없다. 이렇다 보니 자기소개서가 더 중요하다는 것이다. 실무자면접을 할 때도 자기소개서만 본다. 임원면접도 물론이다.

자신의 어떤 역량이 신한은행에 필요하며, 왜 적합한 인재인지를 효과적으로 표현하는 것이 중요하다. 주의사항은 절대 돈 들여서 첨삭 지도 받지 말라는 것이다. 솔직히 다 들통 난다. 자기소개서를 쓸 때 자신에 대해 돌아보고 나에 대한 고민의 흔적이 흥미롭고 매력적으로 나타나도록 쓰라는 충고다. 아름다운 글이 아니라 자신의 진솔한 이야기가 포함될 수 있도록 해야 한다는 것이다. 그게 가장 중요한 포인트다.

서류전형 다음으로는 프레젠테이션과 함께 면접관의 질문이 있다. 면접관은 대부분 입사 5~10년차 정도의 선배들이다. 기본적으로 신문을 꾸준히 읽고 독서를 하면서 사고의 폭을 넓히는 것이 중요하다. 박 부행장은 "토론을 하다보면 어느 순간 성격이 다 보인다. 토론 주제는 '세종대왕과 이순신 장군 중 한 명만 환생시킬 수 있다면 누구를?', '배트맨과 슈퍼맨이 싸우면 누가 이길까?' 등의 면접자 입장에서 다소 당황스런 질문이었다. 물론 정답은 없다. 논리에 어떻게 대응하고 그리고 어떻게 표현하느냐를 보기 위함이다"고 설명했다.

| 자기소개서의 중요성을 강조하는 박우혁 신한은행 경영지원그룹 부행장

'서류와 실무자면접을 통과했다'라고 하면 사실 이 지원자의 역량은 이미 다 검증됐다고 생각한다. 마지막에 결국 누구를 뽑을 거냐의 기준은 '과연 어떤 사람이 신한은행에서 필요로 하는 인재상에 어울리나' 등의 인격과 성품 등을 본다. 아무리 뛰어난 사람도 신한은행의 문화와 맞지 않으면 힘들다는 것이다.

솔직히 후보자들이 쓴 자기소개서 내용 중에 어떤 부분을, 어떻게 질문할지는 아무도 모른다. 이 때문에 별 생각 없이 자기소개서를 쓸 경우 답변하지 못 하고 당황할 수도 있다. 박 부행장은 "자기에 대해 솔직하게 이야기하고 신한은행에 자신이 기여할 수 있는 부분에 대해 다시 정의를 내려 이야기하면 된다. 일과 삶의 균형이 중요하다고 했는데 조직의 가치

관과 나의 가치관이 맞는지 확인하면 좋을 듯하다"고 말했다. 그는 이어 "나도 알고 있다. 여러분이 얼마나 애쓰고 있는지, 얼마나 뜨거운 열정을 쏟고 있는지. 여러분 입장이 어떨지 생각해봤다. 지금 명심해야 할 게 있다. 은행 입사 시험은 여러분의 미래를 결정짓는 결승선이 아니다. 앞으로 무궁무진한 기회가 있다. 여러분의 아름다운 청춘, 꿈을 향한 도전을 응원한다"고 격려했다.

본인이 어려워하는 사람과 이야기하는 연습해보라

KB국민은행에서는 인사담당 임원인 주왕식 HR본부장과 실무진인 오택 HR팀장이 함께 나왔다. 보다 자세한 현장의 목소리를 들려주기 위해서다.

일단 KB국민은행은 기본적으로 현장 친화적인 인재를 찾고, 4차 산업혁명 때문에 전체 인력을 줄이거나 할 계획은 아직 없다.

오 팀장은 "신입직원들에게 '뭐하고 싶나' 하고 물어보면 어떤 이는 가계 여신, 어떤 이는 기업 여신을 하고 싶다는 등 특정 영역을 이야기한다. 하지만 KB국민은행은 신입사원 영업점 근무가 필수다. 영업점 근무 경험을 바탕으로 본점에 와서 가계 여신 등 자기에게 맞는 업무를 찾아간다"고 설명했다. 그는 이어 "국내 최고 수준의 연수제도는 물론 공인회계사 자격증을 따면 최소 30만 원을 지급하고 외국어 학원비도 지원하는 등 입사 이후 직원들의 능력 향상에도 많은 신경을 쓰고 있다"고

| KB국민은행의 인사전형을 설명하는 주왕식 KB국민은행 HR본부장

말했다.

　KB국민은행은 기본적으로 기업의 재산이 될 수 있는 사람을 채용하려고 노력한다. 학력·학점이나 전공을 불문하고 '현장에서 환영받을 수 있는 인재 채용'을 목표로 하고 있다.

　오 팀장은 "'학점이 2점대인데 채용 가능할까요'라고 물어보는 사람이 있다. 학점은 성실도를 나타낼 수 있는 점수라고 본다. 동일 선상에 비슷한 친구가 있으면 학점 좋은 사람이 선택될 가능성이 높다. 하지만 학점이 낮은 대신 내가 집중했던 부분을 자기소개서에 담으면 학점과 관련 없이 선발되는 경우도 많다"고 소개했다. 지원자들의 의지나 인성을 많이 살피고 경험 위주의 이야기를 많이 질문하고 듣고자 한다. 본인의 경험을 남들과 차별화되도록 말하고 장점이나 단점을 경험 위주로 단락 단락 많이 만들어놓으면 선발될 기회가 많다는 게 오 팀장의 생각이다.

KB국민은행은 '현장 맞춤형 인재' 채용을 여러 차례 강조한다. 창의적인 사고와 행동으로 변화를 선도하며 고객 가치를 향상시키는 프로 금융인을 말한다. 쉽게 말하면 고객과 눈 마주치고, 그 사람이 요구하는 것을 잘 들어주는 등 상황에 따라 눈치껏 사람과 대면하는 활동에 잘 적응하는 인재다.

이 때문에 사람과 대면하는 활동을 많이 하고 면접에 오라고 말한다. 면접 위원들과 눈도 못 마주치고, 눈 피하고 이런 경우가 상당히 많은데 은행 직원은 대면 업무를 하는 사람이므로 그런 것은 곤란하다는 것이다. 이 같은 것은 학습을 통해 충분히 고칠 수 있다. 오 팀장은 "내 주변 친구들 말고 아파트 경비원, 상점의 아르바이트생, 교수님 등 내가 좀 어려워할 수 있는 사람들과 만나 이야기를 많이 나눠봐라. 이 같은 경험이 쌓이면 이야기할 때나 눈 마주칠 때 긴장감이 사라진다"고 면접 팁을 소개했다.

특히 살아오면서 소소하게 남을 도와줬거나 협력했던 사안이 있으면 그런 따끈한 경험 이야기를 준비하는 것도 도움이 된다. 어느 기업이나 이런 협업하는 인재는 환영하기 마련이다.

KB국민은행의 전형은 '서류, 필기, 면접, 종합평가'로 이뤄진다. 서류 경쟁률은 엄청나게 높다. 2016년 2만 1,000명 정도가 지원했는데 3,000명만 서류에서 뽑았다. 지원자들이 낸 서류들을 보면 보통 채용 설명회나 인터넷 사이트에 올려놓는 인재상들을 단어 위주로 너무 많이 나열해 놓은 것이 보인다고 한다. '저는 옆에 있는 친구들, 동료들과 소통 잘해요', '저는 협업을 잘해요' 이런 식의 이상적인 단어의 나열은 아무런 느낌을 주지 못한다.

서류 전형은 본인의 이야기를 잘 써야 한다. 서류를 심사하는 사람들이 '이 친구는 면접 때 한번 보고 싶다'는 호기심과 궁금증이 유발되게 해야 한다. 너무 평이하거나 이상적인 단어만 나열하다보면 그 지원자를 보고 싶은 생각이 들지 않는다. 자기만의 스토리, 그리고 장점과 단점을 잘 녹여서 쓰는 게 좋다. 자기소개서를 썼으면 주변 지인에게 부끄러워하지 말고 계속 보여주면서 수정할 필요도 있다.

필기의 경우 논술은 최근 화두가 될 수 있는 것들, 그리고 은행이 고민하는 것들이 뭔지를 지원자가 미리 생각하고 준비하면 된다. 내가 은행 책임자라면 향후 은행의 미래에 대해 지금 뭘 고민해야 하는지 곰곰이 생각해 보면 된다.

필기 이후 실시되는 면접은 상품에 대한 단편적인 지식이나 경제용어를 묻지는 않는다. '짜장면과 짬뽕 중에 뭐가 좋은지, 바다와 산 중에 어디가 좋은지' 등을 물어보는 정도다. 가끔 보면 태도가 불량한 사람이 있는데 이런 지원자들은 어떤 이야기를 한다고 하더라도 대부분 탈락한다. 거의 누워 있다거나 시선을 다른 곳에 둔다거나 계속 심란해한다거나 하는 사람들이다. 본인의 개성을 너무 도드라지게 표현하는 것도 좋지는 않다. 제스처를 너무 많이 하는 사람도 있는데 이럴 경우 산만해

보일 수도 있다. 오 팀장은 "미리 준비해 간절함과 진솔함을 담아 이야기해야 한다"고 조언한다.

예상치 못한 질문은 솔직히 대답하라

2016년 15년 만에 민영화를 이룬 우리은행에서는 이현규 우리은행 동여의도 금융센터 계장이 나와 자신의 '입사 성공기'를 설명했다.

우리은행 서류전형의 경우 두괄식으로 쉽게 읽을 수 있도록 작성하는 게 필요하다. 모든 문항이 하나의 이야기가 되도록 작성하고 구체적인 본인의 사례를 담는다. 물론 자신의 이야기를 은행이 듣고 싶어 하는 내용 위주로 쓰는 게 좋다. 이 계장의 경우 자기소개서 1번 문항부터 6번 문항까지 하나의 스토리가 될 수 있도록 작성했다.

단어를 나열하는 등의 재미없는 방식은 피했다. 구체적인 사례를 썼다. 가령 '나는 노력하는 사람이다. 그렇기에 내가 노력하는 것은 우리은행에 잘 맞는다' 식이 아니라, '나는 나만의 노력 방식이 있다. 이러한 노력 방식은 나의 어떠어떠한 사례로 인해 갖게 된 방식이다' 식으로 시작한다는 것이다.

'자신의 이야기를 작성한다'고 했는데, 여기서 '자신의 이야기'는 알다시피 은행이 듣고 싶어 하는 것을 써야 한다. 직원을 뽑는 은행 입장에서는 당연한 것이다. 각 은행은 은행마다 핵심 가치가 있다. 하지만 은행들의 인재상은 겹치는 부분이 많다. 이렇다 보니 이 계장은 "지원자가

| 우리은행 취업성공기를 생생히 전달하는 이현규 우리은행 계장

조금만 노력하고 관심을 가지면 서류 정도는 3~4곳에 붙을 수 있다"고 설명한다.

자소서 항목에는 지원하는 은행의 핵심 가치를 녹여내야 한다. 이 계장은 본인이 썼던 실제 자기소개서를 보여주면서 설명했다. 본인의 가치관을 담은 에세이를 작성하라는 항목에 대해서 "많은 사람과의 배려, 대규모 프로젝트로 인정받다"라는 제목과 함께 이것이 반영된 성공 사례를 엮었다.

지원 동기 부분에서는 "고객의 요구를 알고 먼저 다가가는 은행이기에 지원했다"는 내용을 담았다. 스무 살, 펀드에 혼자 가입도 못할 때 우리은행에 방문해서 "10만 원짜리 펀드에 가입하고 싶습니다" 했는데 본인에게 30분 넘는 시간을 할애하면서 친절하게 설명해준 우리은행이 마음에 들었다는 식이다.

우리은행의 면접은 기획안면접과 팀 활동면접, 3분 자기소개, 세일즈 면접 등으로 나뉜다.

먼저 기획안면접은 아이디어와 함께 문서작성 능력이 있어야 한다. 지속적인 작성 연습이 필요하다. 이 계장도 적지 않게 당황했던 면접인데 "지원자들이 평소에 우리은행에 대해 어떤 아이디어와 생각을 가지고 있는지 등을 집중적으로 보는 듯 했다"고 설명했다.

팀 활동면접의 경우 이 계장에게 주어진 주제는 '20대 고객을 타깃으로 우리은행 홍보 웹툰을 만들라'는 거였다. 팀원들과의 팀플레이가 시작됐다. 여기서 그가 가장 많이 노력했던 것은 사람들과의 협업이다. 처음엔 자신이 남들보다 눈에 띄게 보이려고 했다. 하지만 이내 '진짜 경쟁자들은 같은 팀이 아닌 다른 곳에 있다'는 마음가짐을 가지고 '일단 우리 팀이 잘되고 보자'라고 생각을 바꿨다. 이후 본인을 면접 봤던 우리은행 선배가 "현규 씨는 자기 일을 미리 끝내놓고 남들이 바쁘거나 힘들어하면 도와주는 모습이 인상 깊었다"고 했다. 본인 것만 챙기지 말아야 한다는 것이다.

주어진 과제를 다 하게 되면 나가서 발표를 한다. 이때 지원자들의 질문이 쏟아지기 마련이고, 이에 대한 대답이 항상 준비돼 있어야 남들보다 좋은 평가를 받을 수 있다. 이 계장은 "평소 경제신문을 통해 뉴스를 읽었다든가 은행에 지속적으로 관심을 두고 있었다면 대답은 충분히 가능하다"고 말한다.

'3분 자기소개'는 오히려 기회일 수 있다. 온전히 본인의 이야기를 면접관에게 전할 기회이기 때문이다. 이 계장은 면접 전까지 하루에 네 시간씩 팀원들을 만나면서 모의면접을 통해 연습했다. 이 때문에 모르는 질문이 들어와도 당황하지 않았다. 지원자 태도 하나하나를 면접관이 모두 체크하고 있다는 것은 주의해야 한다. 발표 자세까지 다 확인하기 때문에 평소 웃는 모습과 바른 자세 등을 연습할 필요가 있다.

이 계장의 경우 본인의 삶에 대해 말을 했더니 "현규 씨는 영업도 할 수 있나?", "은행 입사를 위해 뭘 구체적으로 준비했지?" 등의 질문이 들어왔다. 이처럼 예상치 못한 질문은 솔직하게 대답해야 한다. 이 계장은 "솔직히 잘 모르겠다. 그런데 제 생각에 이러한 배경을 고려해 이런 걸 하면 좋을 듯하다"고 대답했다. 참고로 다른 면접자는 이 계장과는 반대로 어떻게든 정답을 찾아 대답하려고 노력했다고 한다. 실제 많은 경제용어를 아는 사람인 것 같았다. 하지만 면접관 입장에서 '저 친구가 급하게 준비했구나'라고 생각할 만한 모습을 보였고, 이 때문에 면접관들의 질문이 꼬리를 물고 계속 이어졌다. 결국 마지막에는 그 면접자가 대답을 못했다고 한다. 솔직한 자세가 중요하다는 뜻이다.

이후 세일즈면접이 있다. 이 계장의 경우 평소 우리은행의 금융상품 공부와 함께 방문해서 어떻게 파는지 연습을 많이 했었다. 근데 막상 세일즈면접을 접해보니 그런 것이 전혀 아니었다. 오히려 '금융상품을 판매하는데 옆에서 민원이 들어오고 뒤에서 다른 일을 시키는 등 꽝장히 복잡한 상황에서 어떻게 대처하는가'에 대한 상황면접에 가까웠다. 이 계장이 세일즈면접에서 유일하게 한 것은 '끊임없이 웃고, 앞에 있는 면접관들이 악성 민원을 던져도 계속 침착하게 대응했다'는 것이다.

마지막으로 임원면접은 임원들에 따라 질문 난도 편차가 크다. '어떤 농구단을 좋아하냐(참고로 우리은행은 통합 5연패의 위업을 달성한 여자 농구단이 있다)'는 것부터 '10년간 경제뉴스를 읽어왔다는데, 앞으로 10년간 경제를 예측해보라'는 질문까지 다양하다. 하지만 자기소개서를 기반으로 진행되는 것이라 자신이 쓴 내용들을 잘 읽어보고 준비를 하면 된다.

이 계장은 지원자들을 위한 몇 가지 '팁'을 제공했다. 일단 면접 후기를 많이 찾아보라는 것이다. 그리고 현업에 있는 선배들에게 조언도 많이 구해야 한다. 이를 바탕으로 연습을 많이 해서 자동으로 대답이 나올 수 있게 하라고 충고한다. 앞에 앉은 면접관들이 아빠나 삼촌의 친구라는 생각을 하면서 마인드 컨트롤하는 것도 좋다. 물론 자신감이 가장 중요하다. 실제 자신이 은행에서 실행할 수 있는 아이디어를 제시하고 항상 거울을 보면서 말하는 연습이 도움 됐다고 한다.

Chapter
05

금융공기업 취업비법

은행 입사 후 적응력 집중적으로 따져

높은 연봉과 소위 '잘 짤리지 않는다'는 금융공기업은 금융권 취업을 준비하는 이들이라면 누구나 한번은 살펴볼 만한 직장이다. 하지만 '평양감사라도 본인이 싫으면 그만'이라고, 남의 말만 듣고 지원하기보다는 이들 기업의 인사담당자나 선배들의 조언을 살펴보고 자신에게 맞는 직장인지를 살피는 게 우선이다. 앞서 살펴본 신한은행, KB국민은행, 우리은행과 비교해 금융공기업들은 어떤 특색이 있고 입사를 위해서는 어떤 준비를 해야 하는지 차분히 들여다보자.

2017 서울머니쇼 금융권 취업스쿨에는 금융공기업 입사 설명을 위해

박정현 KDB산업은행 인사부 과장, 조윤경 한국수출입은행 인력개발팀 부부장, 윤창섭 예금보험공사 책임역이 연사로 나섰고, 정유원 예금보험공사 주임은 자신의 입사 경험을 바탕으로 한 '취업성공기'를 전했다. 1,400대1의 치열한 경쟁률을 뚫고 2016년 예금보험공사 고졸 공채에 합격한 정 주임은 제주여자상업고등학교 출신으로는 처음으로 금융공기업에 입학해 화제를 모았던 인물이다.

금융공기업 중 취업생들에게 가장 인기가 많은 기업 중 하나인 KDB산업은행은 지난 1954년 4월 창립해 60년 넘게 한국 금융을 이끌고 있는 기업이다. 2015년 1월 통합산은 출범으로 정책금융기능이 강화되는 추세이다.

KDB산업은행의 주된 업무는 중소기업부터 대기업까지 자금이 필요한 기업에 대출·투자·보증 등 종합금융 서비스를 제공하는 것이다. 2016년은 중견기업 지원 강화, 미래 신성장 동력에 집중 지원, 기업 구조조정 관련 한계기업이나 국가경제적으로 중요한 기업 지원에 나섰다. 수년 전 많은 어려움을 겪었던 현대상선이나 동부건설에도 지원을 했다.

또 기술력은 있지만 자금이 부족한 벤처기업에 어떻게 자금을 지원할지도 고민한다. KDB산업은행은 기술·벤처금융 분야에서도 다른 금융사보다 앞서 있다. 벤처지원액은 1998년 이후 총 3조 원이다. 특정 프로젝트에 자금을 조달하는 PF 업무도 주요 업무 중 하나다.

KDB산업은행은 통상 8월 말~9월 초에 5급 공채를 시작한다. 여러 금융기관들이 비슷하듯이 KDB산업은행이 원하는 인재상도 '열정과 도

| KDB산업은행 입사비법을 설명하는 박정현 KDB산업은행 인사부 과장

전정신으로 금융산업을 선도할 인재'다. 인재상만 보면 굉장히 좋은 말만 들어가 있지만 너무 KDB산업은행이 원하는 인재상에만 초점을 맞춰서 자기소개서를 쓰지 말고 자신을 솔직하게 드러낼 수 있도록 하라는게 박정현 KDB산업은행 인사부 과장의 충고다.

KDB산업은행의 전반적인 신입사원 채용 기준은 '실제 은행에 들어와서 얼마나 직무를 잘 수행할 수 있느냐'다. 서류 심사는 직무 관련 교육, 경험 등을 위주로 기재하는 것이 좋다. 학교, 학과, 사진, 가족사항등은 미기재해 완벽한 블라인드 서류심사가 진행된다. 필기시험은 지식이 아니라 직무 능력을 주로 보고 면접은 직무 능력과 품성 평가를 강화해서 보고 있다고 박 과장은 설명했다.

입사 전형별로 꼼꼼히 살펴보면 서류 심사는 계량과 비계량 요소를 균형 있게 평가하고 있다. 자기소개서에서는 크게 세 가지를 작성한다. 지원 동기, 금융권 역량 개발 노력, 자기소개 등 총 4,000자로 작성한다. 기술·전산 분야의 경우 지원 분야 역량 개발 노력 항목이 1,000자 이내로 추가된다.

작성 시 주의할 점은 본인의 성격은 그렇지 않은데 KDB산업은행에 억지로 맞춰서 꾸며 쓰지 말라는 것이다. 이럴 경우 현장면접을 볼 때 오히려 실수하는 경우가 생기기 때문에 본인을 돌아보고 솔직히 쓰는 게 좋다. 박 과장은 "최소한의 성의 있는 모습을 보여주길 부탁드린다. 간혹 보면 지원하는 은행 이름을 잘못 쓰는 경우가 있다. 잘나가다가 마지막에 저는 꼭 'KBD 은행'에 오고 싶다고 한다든지 하는 경우다. 오타를 조심하라"고 조언했다. 보수적인 공기업 문화에서 입사지원서부터 하나하나 꼼꼼하게 챙기는 것을 느낄 수 있는 부분이다.

각종 자격증은 가산점이 전혀 없다. 자격증이 있는 사람만 잘할 수 있다는 생각을 하지 않기 때문이다. 단순하게 어학성적 기준 점수를 충족했는지 여부만 확인한다고 한다. 미충족했다고 하더라도 '미충족'이라고 체크한 후 지원이 가능하다.

필기시험은 직무지식시험(전공), 시사 논술, NSC 직업기초능력평가 총 3가지다. 직무지식시험은 경영학, 법학, 경제학 중 하나를 선택하면 된다. 기술전산은 2016년은 시험을 보지 않았다.

면접은 1차와 2차 면접으로 나눠진다. 2016년에는 1차 면접이 총 네 가지로 이뤄졌었다. PT면접, 집단면접, 심층토론, 팀 과제면접이다. 집단 면접은 자기소개서를 기반으로 인성면접을 하는 것이고 PT면접은 주어진 시간 내에 지문을 보고 태블릿 PC를 이용해 발표자료를 만드는 것이다. 심층토론은 조별 토론을 한다. 2차 면접은 임원 및 부서장면접이며 대면 질의응답 방식으로 이뤄진다.

박 과장은 "각 단계 전형을 통과하면 이전 단계 점수는 다음 단계 점수에 전혀 영향을 미치지 않는다. 서류전형에서 꼴등인데 필기가 1등일 수 있고, 필기에서 1등이어도 면접에서 떨어질 수 있다. 입행 시 나이제한도 없다"고 설명했다.

주어진 질문에 정확한 답하기 연습해야

한국수출입은행은 지난 1976년 설립됐다. 40여 년간 우리나라 수출기업들을 지원하는 역할을 주로 해왔다. 일반 예금자들로부터 예금을 받는 수신 기능은 없다.

주요 업무는 수출입, 해외 투자 및 해외자원 개발 등 대외경제 협력에 필요한 금융을 제공하는 일이다. 회사 내 해외경제 연구소에서 기업들이 필요로 하는 국내외 산업과 시장 연구 등도 한다. 우리나라에 있는 해외 투자 통계 자료를 다 모아서 분석해 책을 발간하기도 한다.

'수출입'이라는 이름에 걸맞게 국외사무소와 주재원 28개, 현지법인 4개, 국제기구 7개 등 유럽, 중동, 아시아, 아프리카, 북미 등에 다양하게

| 한국수출입은행 입사 전형을 설명하는 조윤경 한국수출입은행 인력개발팀 부부장

진출해 있다.

2016년 하반기에는 30명이 넘는 인원을 뽑았지만 2017년 채용인원은 20명 정도로 예상된다고 조윤경 한국수출입은행 인력개발팀 부부장은 밝혔다. 채용부문은 업무일반, 지역전문가, 청년인턴 등이며 학력, 전공, 연령, 어학성적 등의 제한은 없다. 지역전문가 부문에는 지방 소재 최종 학교 졸업자만 지원이 가능하고 청년인턴에는 수출입은행에서 청년인턴 을 수료한 자만 지원할 수 있다.

서류 전형은 9~10월께 있을 것으로 보인다. 조윤경 부부장은 "채용 을 진행하면서 자기소개서를 읽어보면 의외로 주어진 질문에 정확한 대 답을 하는 사람이 많지 않다. 예를 들어 수출입은행에서 필요한 직무가 무엇이며, 어떤 경험을 했냐는 질문의 경우 '내가 생각하는 직무는 어떤 것이고, 그래서 어떤 내용들을 공부하면서 준비했다'고 말하는 게 정답이다. 다른 사람들과 유사하면서 뭉뚱그린 대답은 별로"라고 설명했다.

필기시험은 NSC 직업기초능력평가와 전공시험이다. 전공시험은 약술과 논술로 진행된다. 면접전형은 통상 11월께 진행되는데 영어활용능력평가가 실무면접 시험 첫날 진행된다. 수출입은행 특성상 대외거래에 특화돼 있어 끊임없이 해외와 이메일을 주고받아야 하고, 컨퍼런스 콜을 받아야 한다. 이 때문에 영어 말하기, 쓰기는 매우 중요하고, 이 같은 능력을 테스트하는 것이다.

실무면접은 실제 업무를 주고, 그걸 어떻게 풀어내는지 인터뷰하는 것이다. '이 답을 찾기 위해 나는 이렇게 했습니다'와 같은 것을 보면서 면접자의 장단점을 찾아낸다. PT면접과 집단과제 등도 있고 최종적으로 경영진면접도 준비돼 있다.

왜 공기업에 지원했는지 명확히 정리하라

예금보험공사는 금융회사가 파산 등으로 예금을 지급할 수 없을 경우 예금 지급을 보장하면서 예금자를 보호하고 금융제도의 안전성을 유지하고자 '예금자보호법'에 근거해 지난 1996년 설립됐다. 쉽게 말하면 현재 일반인들이 은행에 예금 시 은행이 망하더라도 5,000만 원까지 예금자 보호를 받는 것은 금융사들이 예금보험공사에 예금보험을 들어놨기 때문이다.

주요 업무는 예금보험에 가입한 금융회사들의 보험사고 예방을 위한 리스크 감시, 보험료 수납 및 지급 등 기금 관리·운용, 부실금융회사 정리 등이다. 부실금융회사를 정리할 때는 예금보험공사가 보유하고 있는 지분을 매각한다. 2016년 민영화된 우리은행의 경우도 예금보험공사가 가지고 있던 보유지분을 매각하는 방법으로 진행됐다. 예금보험공사는 금융사들의 부실관련자에 대한 부실책임조사 및 손해배상청구 업무도 하고 있다.

예금보험공사의 인재상은 '소통, 열정, 전문성, 인성'이다. 솔직히 다른 기관들의 핵심 가치나 인재상과 큰 차이는 없다. 윤창섭 예금보험공사 책임역은 "소통 능력은 대외 고객들과 의사소통하기 위해 반드시 필요하다. 본인이 공공기관을 지원했을 때는 '내가 왜 공기업에 지원하고자 하는지'에 대해 명확히 본인의 목적을 정리하는 게 훨씬 도움이 많이 된다. 그런 의미에서 공익을 위한 열정이 필요하다. 시장으로부터 전문성을 인정 못 받으면 예금보험공사의 존립근거가 없어지기 때문에 전문성 역시 중요하다"고 설명했다.

인성 부분은 2017년 처음으로 추가됐다. 윤 책임역은 "내부적으로 직원 의견 수렴을 많이 했는데 '신입직원에게 필요한 능력이 뭐냐'고 했을 때 인성 항목으로 분류될 수 있는 답변이 많이 나왔다. 그건 같이 업무하거나 팀을 이뤄서 뭘 한다든지 할 때 반드시 필요하기 때문이다. 상대방을 배려할 줄 알고, 민원인에게 잘 대응할 수 있는 서비스 능력 등이 꼭 필요한 가치가 아닐까 싶다"고 말했다.

2017년 신입직원 채용인원은 총 35명 내외다. 상반기에 이미 10명을 채용형 인턴으로 진행했기에 하반기에 20~25명 내외 인원이 채용될 것으로 전망된다. 지원 자격은 학력, 연령, 전공 제한이 없다.

서류전형은 과거에는 소위 '스펙' 위주이기도 했었는데, 이제는 그런 부분이 많이 배제됐다는 설명이다. 예금보험공사에 입사하게 되면 어떤 일을 하는지 사전에 관심을 가지고 서술하는 게 좋다. 경험기술서 및 자기소개서 평가가 있는데 경험기술서는 새롭게 포함된 항목이다. 자신의 경험이 공사 입사 후 어떻게 적용될지 보는 것이다. 윤 책임역은 "그동안 살아오면서 경험한 것들을 서술하면 된다. 예금보험공사에 입사했을 때 필요한 능력과 장점을 보기 위한 것이지 꼭 예금보험공사 업무와 예금보험공사 인턴을 해야만 지원할 수 있는 건 전혀 아니다"고 밝혔다.

자기소개서에는 지원 동기, 창의성, 타인을 설득한 경험 등의 항목이 있다. 윤 책임역은 "문의가 오면 '자소서는 처음부터 다시 써보는 게 좋다'고 말한다. 또 다른 데서 그대로 베껴오면 질문과 답안이 맞지 않기 때문에 간혹 지원하는 회사명을 잘못 쓰는 경우도 발생한다. 결정적인 실수다. 꼭 다시 써보는 습관이 필요하다"고 강조했다.

서류 전형에선 통상 최종 합격자의 50배수를 선발한다. 필기전형은 최종합격자의 4배수까지 뽑는다. 직업기초능력 평가와 함께 직무 관련한 전공 지식을 평가하는 직무수행능력 평가도 한다. 금융은 경영·경제, 회수조사는 법학, IT는 전산학 등이다.

| 예금보험공사 취업성공기를 전수하는 정유원 예금보험공사 주임

필기까지 통과했다면 1차 면접과 2차 면접이 있다. 1차 면접은 실무진 면접이다. '토론, PT면접, 면접' 방식으로 진행된다. 토론은 문제를 해결하는 과정에 대해 토의하는 내용들이다. PT면접에서는 2가지 문제가 주어지는데 문제 중 한 가지를 택해서 발표하면 된다. 마지막으로 면접은 자기소개서를 기반으로 진행된다. 2차 면접은 사장 포함 임원진이 면접에 들어온다. 마음가짐을 주로 본다는 설명이다.

예금보험공사의 취업성공 스토리를 전하기 위해 나선 정유원 예금보험공사 주임은 중학교 2학년 때 고졸 취업을 결정했다. 어린 나이에 진로를 결정하면서 특성화고로 진학하게 됐는데, 이는 흔히들 말하는 상업·공업 고등학교를 말한다.

‘상고, 공고’ 하면 일반인들의 인식이 좋지 않아서 정 주임이 특성화고에 간다고 했을 때 주변에서 반대가 많았다. 중학교 성적이 상위 10% 대였다 보니 ‘공부 못하는 것도 아닌데 왜 특성화고에 가냐’는 것이었다. 그럼에도 그가 고졸 취업을 목표로 특성화고에 진학한 이유는 크게 2가지가 있다.

우선 첫 번째는 청년실업, 두 번째는 경쟁력 측면 때문이었다. 청년실업이 심각한 상황에서 4년제 대학교를 나와서 공부하고 학점 잘 받고 해서 졸업해도 취업 될까 말까한 불확실성이 두려웠다. 고만고만한 대학만 진학하면 아무리 생각해도 본인의 경쟁력을 키울 수 없을 것 같다고 느꼈다고 한다.

특성화고 진학 후에는 학교 자체가 취업을 지원하는 학교다 보니 다양한 경험을 했다. 각종 발표대회, 스피치&보이스 훈련, 학교 홍보영상 촬영 등을 했고 경제·경영학과 대학생들과 동아리 활동도 했다. 전문성을 기르기 위해 각종 자격증 취득에도 집중했다. 전공 관련 전국 대회 출전은 물론 금융 관련 자격증, 컴퓨터 자격증, 회계 자격증, 한국사까지 준비했다. 금융자격증을 공부하다 보니 금융공기업 취업 쪽으로 진로를 잡게 됐다는 설명도 덧붙였다. 인성을 기르기 위해 인문학 강의 시청도 자주하고 한 달에 한 권 정도는 관련 도서를 읽었다.

예금보험공사 서류 전형은 경험기술서와 자기소개서로 이루어져 있다. 경험기술서는 직무와 많이 연결시켜 작성하려고 노력했다. 일반 행정이다 보니 어렵지는 않았다. 자기소개서는 예금보험공사의 인재상과 연결

시켜 서술했다. 세 번 이상 퇴고를 하면서 점검하는 꼼꼼함을 보였다.

필기 전형은 고졸이라 직업기초능력평가만 받았다. 시험 하나로 당락이 결정되는 사안이라 열심히 준비했는데, 이 평가는 시간 싸움이었다. 최대한 짧은 시간에 많은 문제를 정확히 푸는 게 중요하다. 준비할 때 스톱워치로 10~20분 정도 맞춰놓고 계속 시간을 맞추려고 노력했다.

면접 역시 고졸이라 구조화면접만 봤는데 혼자서 면접관 두 명의 질문에 응답했다. 정확히 10분 정도 한 것으로 보인다. 자기소개서를 기반으로 하는 질문과 상황면접으로 나눠 볼 수 있다. 상황면접은 조직 내 갈등 등 특정 상황을 제시해서 어떻게 대처할 것인가를 물어본다. 그는 "중요한 건 솔직함인 것 같다. 조직에 얼마나 잘 어울리는 사람인가 보여주는 것도 중요한 포인트"라고 전했다.

부 록

2017 서울머니쇼
참관객들이 보는 재테크 시장

2017 서울머니쇼
참관객들이 보는 재테크 시장

．
．
．
．
．
．
．
．

다른 사람들은 어떻게 움직이고 있을까.

재테크 시장에서 항상 살펴봐야 하는 화두다. A라는 상품이 전망도 좋아 보이고 수익률도 좋다. 수수료도 싸다. 그래서 이 상품을 샀다고 치자. 하지만 다른 이들 대부분이 A상품이 아닌 다른 상품에 투자했다면 당분간 A상품의 수익률은 좋을 수 없을 것이다. 수요와 공급의 법칙은 재테크 시장에서도 엄연히 존재하는 법이다.

물론 A라는 상품에 대한 확신이 있다면 남들이 투자하지 않고 있을 때가 기회다. 그러면 오히려 미리 더 매수해서 선점해 놓을 필요가 있다. 만약 다른 사람들도 A에 관심이 크다면? 당연히 파는 시점을 저울질해야 할 것이다. 결국 시장 분위기를 살핀 다음에 자신의 투자 전략을 세울 수 있다는 점이다. 이 때문에 신문이나 방송 등 언론에서는 '강남 부자가 무엇을 샀다더라. 시중 자금이 어디에 몰렸다더라. 투자자들의 관심이 어디에 쏠린다더라' 등의 기사를 쏟아내는 것이다.

| 2017 서울머니쇼 강의실을 꽉 채운 참관객들

　그럼 이번 2017 서울머니쇼에 참석했던 투자자들은 어디에 가장 관심이 많았을까. 시간과 공간의 제약 상 투자자 600명에 한정해 설문을 진행했다. 사실 600명은 결코 무시 못 할 숫자다. 선거철 대부분의 여론조사가 1,000~1,500명을 대상으로 한다는 점을 감안할 때 투자자 600명에 대한 조사는 큰 관심을 갖고 참고할 만한 자료라 할 수 있다.

　이번 설문 조사의 가장 큰 포인트는 저금리 기조 덕에 수년간 통했던 '대출 받아 부동산에 투자한다'는 공식이 깨지고 있다는 점이다. 한마디로 재테크 시장에 지각변동이 일어났다는 얘기다.

　그동안 부동산에 밀려 있던 주식 시장이 사상 최고치를 오르내리는 코스피 덕분에 투자자 선호도 '1위'에 오르며 새롭게 조명 받았다. 채권과 예적금 투자를 줄이는 등 새 정부 출범과 금리상승기에 대비한 투자자들의 포트폴리오 리밸런싱(자산 재분배)도 활발히 일어나고 있는 것으로 조사됐다.

2017 서울머니쇼 참관객 설문조사 결과, 응답자의 32.1%는 국내 주식을 향후 1년간 가장 높은 수익률이 예상되는 재테크 상품으로 꼽았다. 국내 주식형 펀드(12.3%)를 선택한 응답자까지 포함하면 국내 주식 관련 상품이 가장 유망하다고 본 투자자들은 44.4%에 달했다. 반면 부동산은 28.9%로 주식 시장과는 상당한 격차를 나타냈다.

1년 전에 비해 확연히 달라진 모습이다. 지난 '2016 서울머니쇼'에 참석했던 투자자들(설문 응답자 500명 기준)은 39%가 부동산을 향후 1년간 가장 유망한 투자처로 봤다. 당시 국내 주식을 꼽은 이들은 15.6%에 불과했고, 국내 주식형펀드(13.1%)까지 합해도 28.7%로 부동산에 비해 크게 주목받지 못했다.

2017 서울머니쇼에 참석한 전문가들은 코스피가 6년 만에 사상 최고치를 기록하면서 투자자들의 관심이 늘었기 때문으로 분석했다. 또 향후 국내증시가 추가적인 상승을 기록할 수 있을 것으로 내다봤다. 원종준 라임자산운용 대표는 "사람들이 코스피 2300이라는 사상 처음 보는 숫자 탓에 부담스러워하지만 주가수준을 비교하는 PER로 봤을 때 한국 시장은 아직 10배 정도로 경쟁국보다 상당히 낮은 수준"이라고 설명했다. 민수아 삼성액티브자산운용 밸류주식운용본부장은 "우리나라 기업이익이 2016년 대비 30% 이상 좋아질 것으로 예상되고 2017년은 시

앞으로 1년간 가장 높은 수익률이 예상되는 재테크 상품은 무엇입니까?

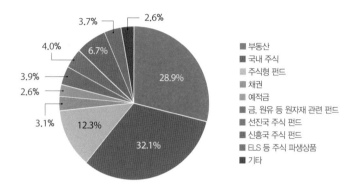

3.7% 2.6%
4.0%
6.7%
3.9%
2.6%
3.1%
12.3%
28.9%
32.1%

- ■ 부동산
- ■ 국내 주식
- ▨ 주식형 펀드
- ■ 채권
- ■ 예적금
- ■ 금, 원유 등 원자재 관련 펀드
- ■ 선진국 주식 펀드
- ■ 신흥국 주식 펀드
- ■ ELS 등 주식 파생상품
- ■ 기타

앞으로 1년간 가장 투자를 피해야 할 재테크 상품은 무엇이라고 생각하십니까?

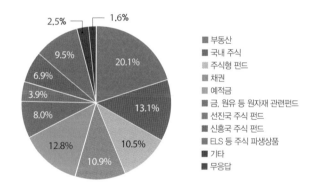

2.5% 1.6%
9.5%
6.9%
3.9%
8.0%
12.8%
10.9%
10.5%
13.1%
20.1%

- ■ 부동산
- ■ 국내 주식
- ▨ 주식형 펀드
- ■ 채권
- ■ 예적금
- ■ 금, 원유 등 원자재 관련펀드
- ■ 선진국 주식 펀드
- ■ 신흥국 주식 펀드
- ■ ELS 등 주식 파생상품
- ■ 기타
- ■ 무응답

※기타응답: 변액, 모름, 연금, ABCP, ETF, 전자화폐, 로보어드바이저 펀드, P2P, 장외주식

간이 지날수록 전망치가 상향 조정되고 있다"며 긍정적인 전망을 나타
냈다.

2017 서울머니쇼에서 만난 투자자들의 주식 시장에 대한 반응에도

주식자산 비중을 어떻게 하는 게 좋다고 보십니까?

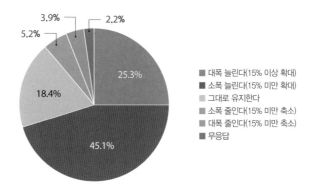

궁정적인 기류가 흘렀다. 서울머니쇼에서 열린 주식관련 세션에 참석했던 한 50대 남성 투자자는 "주가가 너무 올라 일단 일부 지분을 처분하긴 했는데 잠시 조정을 보일 때 삼성전자 등 대형주 위주로 다시 매입할 예정"이라고 주식 시장에 대한 관심을 나타냈다. 다른 30대의 여성 참가자는 "주가가 너무 올랐다는 생각에 인버스(코스피 하락시 수익을 얻는 구조) 상장지수펀드(ETF)에 투자를 했었는데 분위기를 잘못 짚은 것 같아 매도했다. 대형주 위주로 조금씩 다시 매입할 생각이고, 대형주에 비해 오르지 않았던 중소형주에서 쓸 만한 주식이 있는지 살펴보고 있다"고 말했다.

설문조사 응답자 중 실제 투자자산에서 주식 비중을 늘리겠다는 투자자들도 늘었다. 주식 투자 비중을 15% 이상 대폭 늘리겠다는 응답자가 25.3%, 소폭(15% 미만) 늘리겠다는 응답자가 45.1%로 둘을 합하면

70.4%의 응답자가 주식 투자 비중을 늘릴 계획을 가지고 있었다. 2016년 같은 응답을 한 투자자들의 비중(49.7%)에 비해 20%포인트 정도 증가한 수치다.

반면 향후 1년간 가장 피해야 할 투자처로는 부동산(20.1%)이 가장 많았다. 최근 출범한 문재인 정부의 규제 강화 우려와 2016년까지 너무 오른 가격 등이 주요인으로 꼽힌다. 60대 남성 투자자 박모 씨는 "이전 정부에서는 주로 부동산 투자를 했는데, 문재인 정부에서는 규제가 많아질 것 같아 투자를 다각화해야 한다는 생각이 든다"고 말했다.

부동산 관련 세미나 강연자로 나섰던 박합수 KB국민은행 수석부동산전문위원은 "2017년 연말까지 시행이 유예된 재건축초과이익환수제가 부활할 경우 재건축 시장에 직격탄을 날릴 것"이라고 우려했다.

부동산 가격이 오를 것으로 예상되는 지역은 서울 강남(42.6%)이 2016년(38%)에 이어 여전히 최선호 지역 자리를 지켰다. 서울 강북지역을 꼽은 이들이 2016년 11.6%에서 2017년 18.5%로 소폭 상승한 점도 눈에 띈다. 고종완 한국자산관리연구원장은 "강남 재건축의 경우 거래량이 줄어들고 있는 것을 감안하면 2017년 정도에 상승이 마무리 될 가능성이 크다"며 "좀 더 늦게 오르기 시작했던 서울 강북과 수도권 지역은 2018년까지는 긍정적으로 보인다"고 밝혔다.

한편 금리 상승기가 시작되고 있는 상황을 감안해 채권에 대한 인식도 달라지고 있다. 2016년 1년 수익률 최고 기대 상품으로 채권(5.3%)을 꼽았던 투자자들의 비중도 3.1%로 소폭 하락했다. 향후 1년간 투자를 피

자산운용을 사람이 아닌 로봇이 전담하는 '로보어드바이저'가 활성화되면 본인의 자산을 맡길 의향이 있으십니까?

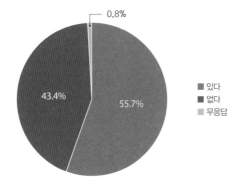

해야 할 재테크 상품으로 채권(10.9%)과 예적금(12.8%)을 꼽는 이들이 4분의1에 달할 정도로 금리 상승에 대비해 새로운 투자 포트폴리오를 준비하는 투자자들도 많았다.

2016년 출시된 개인종합자산관리계좌(ISA)에 담고 싶은 상품을 묻는 질문에도 국내 주식형 펀드를 꼽은 응답자가 24.6%를 기록해 가장 많았다. 2016년(18.1%)보다 늘어난 수치다. 반면 시중금리 오름세로 손실 가능성이 높아진 채권형 펀드를 선택한 답변은 8.2%로 전년(18.1%)보다 큰 폭으로 감소했다.

투자자들은 금융시장에 변화를 가져오고 있는 4차 산업혁명에 대해서도 많은 관심을 나타냈다. 자산운용을 사람이 아닌 로봇이 전담하는 '로보어드바이저'가 활성화되면 본인의 자산을 맡길 의향이 있냐는 질문에 55.7%가 '있다'고 답했다. 이세돌에 이어 현재 바둑 세계랭킹 1위인

| 2017 서울머니쇼에서 세미나실에 들어가기 전 줄 서 있는 투자자들의 모습

커제마저 꺾었던 '알파고'의 위력을 실감할 수 있는 대목이다. 2017 서울 머니쇼 전시장에서 P2P(온라인 중개업체를 통해 이뤄지는 개인과 개인 간 돈 거래) 업체들 전시관을 둘러보던 30대 중반 송모 씨는 "문재인 대통령이 스타트업이나 벤처에 대한 관심이 많다고 들어서 핀테크 분야를 주목하고 있다. 그쪽으로 정부가 지원을 많이 할 것 같은 기대가 있어서 핀테크 분야에 대한 투자를 적극적으로 알아보려고 한다"고 밝혔다. 60대 한 남성 투자자는 "P2P나 로보어드바이저 등을 통해 투자해볼 생각이지만 아직은 규제도 많은 것 같다. P2P의 경우 한 중개업체 당 투자할 수 있는 금액이 1,000만 원으로 한정돼 있는 등 규제가 심한 부분은 보완이 필요하다"고 말했다.

금융권의 4차 산업혁명에 대한 투자자들의 관심은 높지만 아직은 호기심에 그치는 모습도 보인다. 로보어드바이저에 자산을 맡길 수 있다고 답한 이들 중 100만~5,000만 원을 맡기겠다는 이들이 40.2%를 차지했다. 1억 원 이상을 맡기겠다는 이들은 3%에 불과했다. 큰돈은 아직까지 인간 전문가에 맡기거나 본인이 직접 굴려야지 안심을 한다는 이야기다.

Seoul
Money
Show

부동산부터 주식, 창업까지 돈이 모이는 곳만 콕 짚어주다!

문재인 시대 재테크

초판 1쇄 발행 2017년 7월 10일
3쇄 발행 2017년 8월 30일

지은이 2017 서울머니쇼 취재팀
펴낸이 전호림
책임편집 권병규
마케팅 황기철 김혜원

펴낸곳 매경출판㈜
등 록 2003년 4월 24일(No. 2-3759)
주 소 (04557) 서울시 중구 충무로 2 (필동1가) 매일경제 별관 2층 매경출판㈜
홈페이지 www.mkbook.co.kr **페이스북** facebook.com/maekyung1
전 화 02)2000-2631(기획편집) 02)2000-2636(마케팅) 02)2000-2606(구입 문의)
팩 스 02)2000-2609 **이메일** publish@mk.co.kr
인쇄·제본 ㈜M-print 031)8071-0961
ISBN 979-11-5542-694-4(03320)